2019

中国农药发展报告

ZHONGGUO NONGYAO FAZHAN BAOGAO

农业农村部农药管理司
农业农村部农药检定所 编

中国农业出版社
北京

2019

中国农药发展报告
编委会

  2019年是稳步推进贯彻落实《农药管理条例》及配套规章的一年，也是农药行业转型发展的重要一年，农药管理工作和农药行业发展处在新的历史阶段，正面临前所未有的新形势、新任务和新机遇。这一年，各级农药管理部门和农药全行业齐心协力、积极作为，主动顺应形势要求，扎实推进农药行业供给侧结构性改革，大力推动农药行业绿色和高质量发展，农药管理工作实现良好开局，农药行业加快转型提升。

  为了全面系统地梳理2019年农药行业发展有关情况，准确把握现状和发展趋势，为农药管理和行业发展提供参考，农业农村部农药管理司、农业农村部农药检定所联合组织有关单位编写了《中国农药发展报告2019》（以下简称《报告》）。本《报告》在编写过程中，得到了农业农村部有关领导的亲切关怀和悉心指导，并得到全国农业技术推广服务中心、中国农药工业协会等单位的大力支持和帮助。在此，对关心、支持、参与本《报告》编写的所有单位、领导、专家和工作人员一并表示衷心的感谢！

编 者

2020年12月

目 录

前言

第一章　概况 …………………………………………… 1
　一、行业发展回顾 ……………………………… 3
　二、发展形势分析 ……………………………… 6
　三、行业发展展望 ……………………………… 7

第二章　农药管理工作 ……………………………… 9
　一、扎实推动《农药管理条例》落实 ………… 11
　二、农药登记管理 ……………………………… 11
　三、生产经营许可管理 ………………………… 12
　四、农药产销信息监测 ………………………… 13
　五、农药市场监管 ……………………………… 13
　六、管理技术支撑 ……………………………… 14
　七、国际职责及履约 …………………………… 15

第三章　农药登记产品 ……………………………… 17
　一、登记总体情况 ……………………………… 19
　二、登记特点分析 ……………………………… 20

第四章　农药工业运行 ……………………………… 31
　一、农药生产情况 ……………………………… 33
　二、行业运行情况 ……………………………… 34
　三、市场价格情况 ……………………………… 38
　四、兼并重组情况 ……………………………… 39
　五、创制能力及工艺提升 ……………………… 41
　六、产业布局动向 ……………………………… 41
　七、相关政策影响 ……………………………… 42

第五章　农药使用及推广 ……………………………… 45
　一、农药使用量继续负增长 ……………………… 47
　二、农药减施增效稳步推进 ……………………… 47
　三、专业化统防统治进一步发展 ………………… 48
　四、植保无人机防控快速发展 …………………… 49

第六章　农药国际贸易 ………………………………… 51
　一、农药进出口情况 ……………………………… 54
　二、农药出口情况 ………………………………… 55
　三、农药进口情况 ………………………………… 61

附录 …………………………………………………… 65
　一、农药行业大事记 ……………………………… 67
　二、国际农药管理动态 …………………………… 69

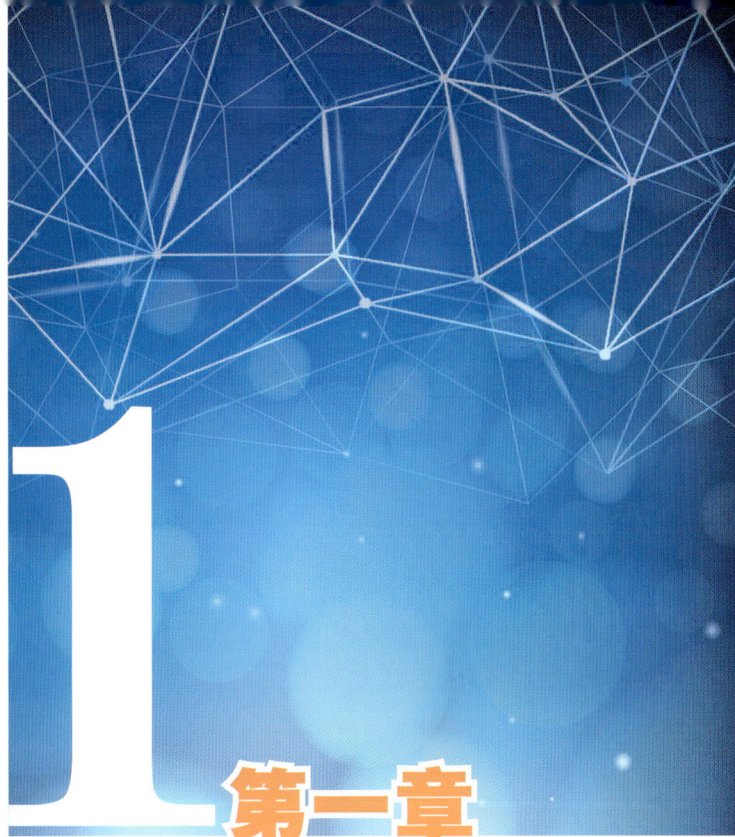

1 第一章

概　　况

　　2019年于国家而言，是国内外风险挑战明显上升、发展局面极其复杂的一年。2019年也是农药行业转型压力倍增、药检事业改革调整不平凡的一年。截至2019年年底，全国共有规模以上农药企业700多家，行业年产值近3 000亿元，从业人员达到300多万人，每年出口创汇达到80亿美元。农药品种结构进一步优化，农药对外合作亮点纷呈，为实施乡村振兴和农业农村现代化提供了有力保障，农药行业也在我国高质量发展的导向中找准定位、与时俱进。

一、行业发展回顾

（一）《农药管理条例》深入落实

2019年是新条例实施的第二年，各级农业农村部门把全面贯彻落实《农药管理条例》作为农药管理工作的重中之重，采取措施推动政策执行与立法本意衔接，健全完善农药监管体系，奋力推进新条例全面实施。稳步推进《农药管理条例》配套规范性文件修订完善，为全面加强农药管理提供依据和指导。登记评审技术规范、登记试验单位评审细则、农药登记再评价管理规范、农药登记样品管理细则等规范性文件的修订都进一步地健全农药管理政策体系，逐步解决法规政策落地的难题。地方农药管理体系加快调整完善，管理职能依法优化，经费项目支持即时到位，为农药管理提供了坚实保障。总体来看，农药管理实现了配套规章基本健全、逐步完善，职能顺利转换调整，组织机构设置科学化，行政审批依法规范化。

（二）农药管理工作扎实推进

各级农业农村部门围绕《农药管理条例》及配套规章明确的职责任务，统筹推进登记、生产、经营、市场监管等各方面工作。登记管理方面，农药登记工作由增量快速发展向存量结构调整的"新常态"初步显现，登记试验单位认定也上升为行政许可事项的一项新任务、新挑战，及时开展"新常态"下的农药登记、新农药登记试验等审批，同时继续执行拟批准登记公示等制度；创新评审工作机制，加快推动特色小宗作物登记；稳步推进高毒农药淘汰，起草编制高毒农药替代调查研究方案，健全农药再评价工作机制，首次实现对已登记农药品种开展全面的风险再评价；生产许可及经营许可全面落实，推动登记延续与生产许可衔接，化解行业潜在矛盾。标准体系和市场监管方面，深入贯彻落实国务院有关加强事中事后监管的要求，2019年从优化改进机制入手，下大力气做好市场监督和风险监测有关工作。加大市场监督检查力度，用好例行抽查、重点抽查、专项抽查相结合的方式，农药产品质量水平不断提升，总体合格率达88.4%。管理技术支撑方面，标准体系不断建立健全，2019年继续立项制定残留限量标准1 500项。推动正式发布《食品安全国家标准 食品中农药最大残留限量》(GB 2763—2019)，农药残留限量标准达到7 107项，我国农药残留限量数量首次超过国际食品法典委员会标准，是我国食品安全领域一个里程碑；风险评估技术继续完善并应用，数字监管平台加快构建。履行国际责任方面，召开国际食品法典农药残留委员会第51届年会，国际交流合作日益深化；积极履行国际公约义务，积极维护国际形象和国家利益，认真开展技术性贸易措施官方评议；持续优化农药和农产品进出口服务，在中美贸易摩擦的艰难外部环境下，2019年我国农药出口数量和出口金额保持双稳定。

（三）农药产业稳中有进

2019年，我国农药生产基本供需平衡，满足农业农村、卫生及其他部门需求，为保障农业生产、粮食安全提供重要支撑，积极应对环保和安全生产要求，农药产业积极顺应外部形势变化，扎实推进供给侧结构性改革，加快产业提质增效，发展水平和竞争力持续提升。市场及效益方面，进入2019年，外需不振，内需不足，农药价格指数总体呈现下降态势。据中国农药工业协会监测数据显示，2019年中国农药价格指数在波动中下跌，呈现高开低走的格局。2019年全国农药行业发展可观，719家规模以上企业资产总计2 660.52亿元，同比增长5.6%；主营业务收入2 146.43亿元，同比增长4.8%；利润总额达到197.80亿元。兼并重组方面，集约化、规模化是农药企业做大做强的必由之路，随着行业竞争的加剧以及环保压力加大，我国农药行业也进入了新一轮整合期。2019年，国内农药行业兼并重组进入深水区，企业实力也发生了变化，以大型企业为主导的生产经营格局愈加明显。新农药创制体系不断完善，创新能力和竞争力不断提高，已成为世界上少数具有新农药创制能力的国家之一。产业布局方面，在安全环保压力日益加大的影响下，部分有实力并准备继续扩大生产的企业开始向其他地区转移，或整体搬迁，或新建生产基地。

（四）农药使用减量控害

2019年全国农作物病虫害发生面积大约4亿公顷次，防治面积4.8亿公顷次。其中，水稻病虫害中，纹枯病、稻瘟病、稻曲病等发生较轻，与2018年持平；稻飞虱、二化螟发病情况略有上升，以长江中下游地区较为明显；水稻田杂草发生较重，抗药性杂草种类增加、面积增大。小麦病虫害总体发生较轻。玉米上草地贪夜蛾发生面积86.67万公顷次，黏虫普遍发生较重。棉花病虫害发生情况与往年持平。果树上病虫害发生情况与往年相当，苹果枝枯病在新疆发生。在蔬菜上，粉虱、蓟马发生较重，病毒病发生加重。为进一步推进农药减量控害，全国植保系统遵循"控、替、精、统"的方法，大力推广生物药剂、高效低毒新农药、新型植保机械和开展农药械使用新技术试验示范与技术集成，同时，进一步推动植保专业化统防统治队伍的发展和规范管理，加强对农药减量效果的评估，全年农药使用量下降6.9%，农药利用率提高到39.8%。针对突发的草地贪夜蛾虫情，组织专家研究提出草地贪夜蛾应急防控用药名单、用药原则与措施，并印发了安全合理用药指导性意见。2019年统防统治工作进一步发展，全国专业化服务组织与在农业农村部门备案的"五有"规范组织数量皆稳步增加。三大粮食作物实施专业化统防统治面积达到1.05亿公顷次，专业化统防统治覆盖率持续增长。

（五）国际贸易持续双增

2019年，在国内环保和农药行业管理继续加强的形势下，农药进出口贸易又创历史新高，2019年农药出口首次超过百亿美元。农药进出口持续双增，贸易顺差继续扩大，国际市场占有份额进一步增大。2019年，我国农药产量的2/3用于出口，农药进出口总额又上新高，进出口总量小幅增长，农药贸易增速略高于外贸整体增速。我国作为全球农药原料供应商的角色仍没有根本性的转变，农药出口的六成左右为原药，除草剂仍然占据出口农药的半壁江山，江苏、山东、浙江是我国农药出口的第一梯队。我国农药进口依然以制剂为主，农药制剂进口占七成左右。受中美贸易摩擦加剧的影响，农药出口到南美洲和欧洲的金额大幅增长，出口到北美洲和大洋洲的金额大幅下降。

三、发展形势分析

（一）经济全球化农产品市场复杂多变

2019年，由于全球经济不景气，世界贸易情况颇受影响，国际农产品贸易的环境也越来越多样复杂，挑战不断增多。随着国际农产品市场竞争的日益激烈，贸易摩擦连续不断。中国作为全球重要的农产品生产大国，贸易占比逐年提高，在世界农产品贸易中稳占一席之地。在国内经济高质量发展的同时，农产品的贸易结构也在不断优化，逐步向着以土地密集型农产品进口为主、以劳动密集型农产品出口为主的贸易结构发展。2019年，我国农产品进出口总额2 284.3亿美元，同比增长5.7%，但与一些发达国家相比，我国出口的农产品附加值依然偏低。

（二）绿色发展导向下的环保压力愈重

党中央、国务院一直高度重视农业绿色发展。2017年，中共中央办公厅、国务院办公厅印发《关于创新体制机制推进农业绿色发展的意见》，明确了切实加快农业绿色发展的具体措施。2018年，中央1号文件再次提出了坚持质量兴农、绿色兴农，提升农业发展质量，推进乡村绿色发展。2019年，《中华人民共和国土壤污染防治法》开始实施，历时4年的第二轮中央生态环境保护督察从2019年开始。由此可见，国家有规划、有实操地持续深入实施绿色发展理念。农药是重要的农业投入品，也是农业绿色发展的关键点。绿色发展理念已贯穿于法律和规章制定、修订的全过程，但除了规则创设之外，优化产业布局、推进绿色集约生产、加大监管处罚力度、压实生产经营主体责任、强化农药使用指导、落实化学农药使用量零增长行动等举措都掷地有声，行业各界也各有担当。

（三）国际贸易形势紧张中见生机

2019年世界经济持续下行使国际贸易紧张局势加剧，2019年的国际贸易是在曲折中负重前行的。国际贸易形势仍然复杂多变，经济下行的压力依然存在，但也是机遇与挑战并存。在中美贸易摩擦的艰难外部环境下，2019年我国农药出口数量和金额保持双稳定。此外，南美洲还首次成为出口第一大区域，有关出口的未来发展潜力广阔。与此同时，完善农药进出口相关政策，进一步提高农药进出口贸易的便捷性成为迫切需要解决的重事。我国农药双边、多边合作也再创新高度。

三、行业发展展望

（一）农药管理措施加快落地

今后，农药管理方面将改进优化农药登记评审程序和规范细则，带动各项工作整体提质，加快推进绿色发展理念融入登记评审规范，引导绿色农药发展，为推动现代农业生态防控发展提供支撑。围绕当前农业生产新方式、新做法，谋划有关管理政策意见，为强化登记服务并为现代农业发展打下坚实基础。推进省部联动，为巩固发展全国药检体系提供有力保障。与此同时，加快农药标准体系建设、建立健全农药登记试验单位认定管理机制、提升药检工作信息化水平，为规范我国农药管理提供有力支撑。

（二）农药行业将加快创新发展

农药属于技术密集型的精细化工产业，创新在行业发展中一直发挥着重要推动作用。当前，修订后的《农药管理条例》在贯彻实施与安全环保等内外部因素叠加下，对加快农药行业创新发展提出了更高要求，同时也提供了空前难得的历史机遇。农药行业创新也必须坚持以市场需求为导向，发挥市场竞争的驱动作用，不断满足农业生产的实际需要，为农业和农药产业的绿色高质量发展提供有力支撑。特别是在当前我国农药产业集中度较低、大多数企业规模较小的情况下，行业创新发展必须探索建立多方参与、多元投资的体制机制，通过兼并重组、联合研发等方式，不断强化农药行业的创新基础和创新能力。坚持与时俱进，在体制创新、措施创新、技术创新等方面逐步向前，助推科学发展。

（三）农药应用落脚绿色高质量发展

下一步，农药使用工作将按照农业农村部有关植保工作的部署、全国农药管理工作会议要求，以保障粮食安全和重要农产品供给为重点，以服务绿色生产、增加绿色投入、促进农药使用持续减量为目标，全面落实零增长行动计划，促进农药减施增效。大力加强统防统治指导，推动植保社会化服务高质量发展，加大高效低毒低风险农药新产品和先进精准智能化施药新器械的试验示范推广力度。着力强化试验示范与技术培训，提升科学安全用药水平，积极示范推广高效药械，助推农药精准施用，推进专业化统防统治与绿色防控融合，全面完成农药使用量零增长行动目标任务，为植保防灾减灾、农业绿色高质量发展保驾护航。

（四）农药进出口贸易增强国际交互

当前，在盘根错节的国际形势下，中国农药"走出去"面临的外部环境更加复杂。但中国农药和国际市场早已经深度融合、相互依存，国际合作始终是大潮流、大趋势。我国是农药生产和出口大国，其发展成果不仅满足国内需求，还惠及世界许多国家和地区的农业生产，因此我们更要坚持开放合作的理念，打造农药产销用利益共同体，不断拓展国际农药市场。在新的外部环境下，转移国际市场重心至"一带一路"沿线国家等受政治影响较小的国家，提升我国农药产业抗风险能力。进一步研究制定推动农药"走出去"的政策和措施，在新发展格局之下走更高质量的开放之路。

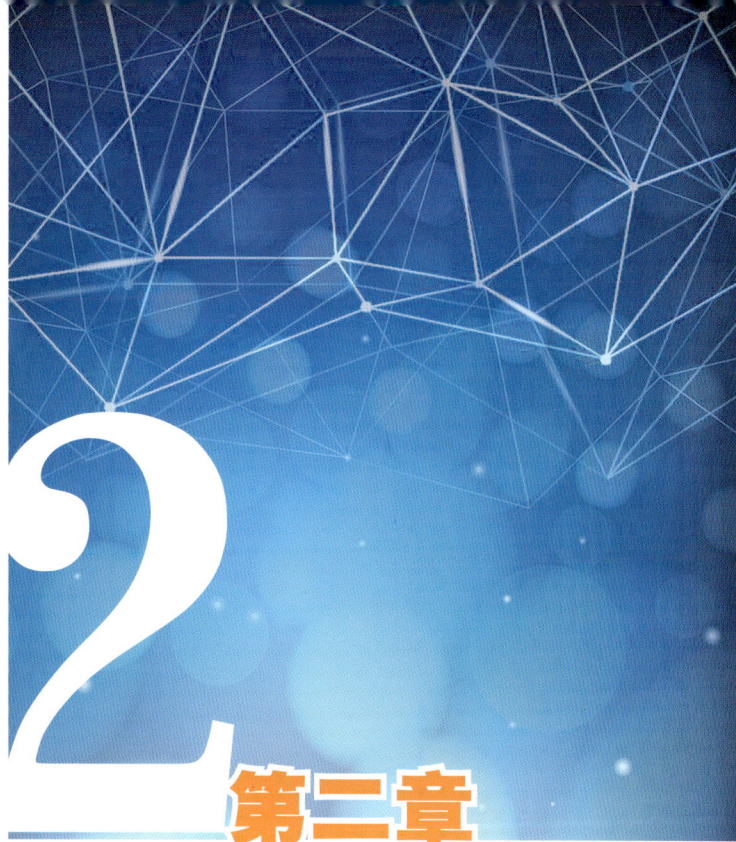

2 第二章

农药管理工作

2019年，在新的历史方位下，农药管理工作顺应我国社会主要矛盾的转化，紧紧围绕推进农业供给侧结构性改革这条主线，以调结构、提质量、保安全为目标，加强农药登记、生产、经营、市场监管等全链条、全过程管理，夯实农药管理技术支撑，认真履行国际职责。应行业之需采取措施，推动政策执行与立法本意衔接，健全完善农药监管体系，奋力推进新修订的《农药管理条例》全面实施，农药管理工作坚定不移走向绿色发展、高质量发展、科技创新和开放合作之路。

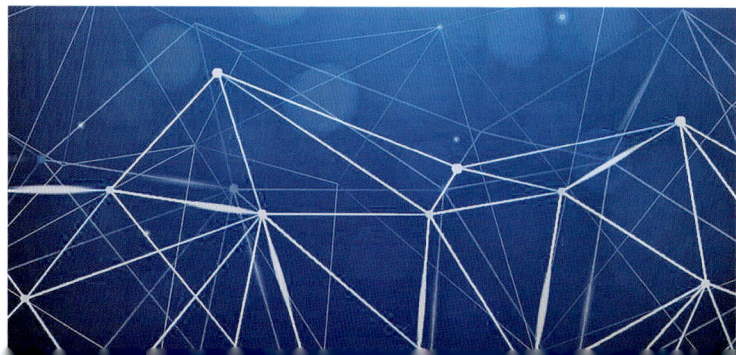

ZHONGGUONONGYAOFAZHANBAOGAO is the vertical running title text

一、扎实推动《农药管理条例》落实

（一）稳步推进配套规章规范修订完善

起草拟定《农药登记评审技术规范》《农药登记再评价管理规范》《农药登记样品管理细则》等规范性文件，进一步健全农药登记管理政策体系，为进一步提高登记评审的规范化水平提供技术支撑和法规依据。

（二）着力解决法规政策落地难题

推动农药登记延续与生产许可衔接政策研究，创新工作机制，完善工作流程，有效化解潜在矛盾。出台加强食用菌用药监管的意见，明确食用菌生产中使用卫生消毒剂属于农药管理，解决长期以来部门管理界限不清的问题；明确非法添加农药类似物应纳入"假农药"管理，为填补农药监管空白提供强有力的技术支撑。

二、农药登记管理

（一）优化农药行政审批服务，完善农药登记审批制度

按照《农药管理条例》规定和国务院"放管服"改革要求，制定农药登记审批服务"三减一优"实施方案，修改行政审批服务指南，取消11项、合并8项申请材料，减少登记延续审批时限，优化审批服务，提高审批效率，方便企业办事创业。明确了企业兼并重组登记证转移、农药登记延续与生产许可衔接等有关规定，进一步规范了农药登记审批。对有效期届满120天的产品，通过中国农药信息网、微信群等多种渠道，连续提醒生产企业1个月，督促企业按时申请登记延续，最大限度减少过期办不了的比例。

（二）农药登记引导作用逐步显现，登记产品结构进一步优化

一是登记产品数量减少。由于登记门槛提高，而2017—2018年为新修订的《农药管理条例》实施过渡期，2019年新增登记产品294个（原药32个、制剂262个），只有常年的10%左右；由于到期未延续等原因，2019年年末登记产品数量比2018年年末减少243个，这是近年来首次出现登记产品数量减少的情况。二是生产企业数量减少。由于兼并重组、淘汰落后产能等原因，2019年年末登记产品涉及企业1 941家，比2018年年末减少188家，比实施新修订《农药管理条例》之前（2016年）减少277家，减幅达12.5%。三是高毒农药减少。2019年年末高毒、剧毒农药登记产品416个，比2018年年末减少29个，比2016年年末减少61个，减幅达12.8%。四是低毒农药增加。2019年年末，微毒和低毒产品占农药登记产品的比例为84.6%，比2018年年末提高0.3个百分点，比2016年年末提高2.3个百分点。五是特色小宗作物用药登记数量增加。2019年年末，食用菌、中药材、蔬菜、水果等特色小宗作物用药登记产品1 813个，比2018年年末增加413个，比2016年年末增加1 081个，增幅达1.5倍，特色小宗作物无登记药可用的问题得到有效缓解。

（三）农药安全风险监测评价工作全面展开

组织开展农药使用过程对作物安全、人畜健康和生态环境等风险监测，重点对现存的10种高毒农药开展风险评价，对使用15年以上的478个老旧农药品种分批次开展系统风险评价，探索建立农药风险监测、评价、预警、处置等再评价工作机制。开展高毒农药替代调查研究，起草编制高毒农药替代调查研究方案，加强高毒高风险农药淘汰的国际交流与技术合作。

三、生产经营许可管理

全国31个省（自治区、直辖市）及新疆生产建设兵团农业农村主管部门均设立或明确了农药管理行政机构（包括新设立、挂牌、更名等），负责农药管理工作，根据《农药管理条例》及配套规章，结合各地行政许可相关规定，及时公布

办事指南和审批流程，有序推进农药生产许可行政审批工作。各地农业农村部门及相关单位积极落实农药经营许可管理，制定辖区内农药经营许可实施细则，明确经营许可基本条件、审批流程、证后管理、监督检查等，指导经营许可管理工作规范实施。截至2019年年底，全国完成核发农药生产许可证1 551个、经营许可证30.1万个，全国农药生产经营许可核发工作步入正常轨道。

四、农药产销信息监测

一是规范生产信息监测。推进建立农药生产信息月报制度，进一步规范生产信息监测的指标、标准及频率等，使监测信息更加及时、准确和有效。生产信息监测以原药为主，覆盖420家企业、488种农药，指标包括每月生产量、销售量、库存量和价格等。二是启动销售信息监测。在全国31个省份选择有代表性的一级农药批发企业110家，建立监测网点，每月对农业生产常用农药制剂进行监测，重点监测采购量、销售量、库存量和批发价格，及时跟踪农药销售动态，为政府科学决策、企业合理安排生产提供支撑。

五、农药市场监管

一是加大抽样检测力度。委托28家农药检验检测机构，采取"随机抽样、重点抽样、专项抽样"相结合的方式，在随机抽样的同时，坚持问题导向，对隐性添加问题突出的敌草快、草甘膦、草铵膦等灭生性除草剂进行专项抽样，对107家生产企业的产品进行重点抽样。全年抽样检测农药样品10 911个，比2018年增长25%，总体合格率为88.6%，其中，随机抽检产品合格率为89.6%，重点抽检产品合格率为82.3%，重点抽检产品中假农药占不合格产品的41.0%。二是严厉查处违规经营行为。向各地农业农村部门通报2018年农药监督抽查结果，并向社会公开，接受社会监督。对农药监督抽查结果和群众举报反映的涉嫌农药制假售假的行为，及时责成地方农业农村部门追查案件线索，并跟踪查处情况，督促依法严肃处理。据不完全统计，2019年已根据群众举报反映的线索，组织地方查处违法经营农药案件50多件。

六、管理技术支撑

（一）推进标准技术体系建设

一是全面梳理农药标准体系。在认真梳理和分析现有农药标准的基础上，研究提出了下一步农药标准制定、修订的目标任务，明确了制定、修订农药产品质量标准、残留限量标准和登记使用配套标准等重点工作安排。二是加快补齐农药检测标准短板。制定了《农药产品中有效成分测定通用分析方法标准制定工作方案》，根据农药有效成分检测特征，提出农药产品中有效成分测定通用分析方法气相色谱法、高效液相色谱法、生物测定法、化学分析法、紫外 - 可见分光光度法等五大类标准，涵盖目前未制定国家或行业标准的515种农药。积极争取财政项目追加经费，支持270多种农药检测方法标准的制定，其余的纳入2020—2022年部门预算项目库。三是组织制定农药残留标准。以蔬菜、水果、茶叶等特色农产品为重点，制定了123种农药1 053项农药残留限量标准，超额完成全年制定1 000项任务。此外，还完成了40多项农药产品质量、药效、毒理、环境等试验方法、安全评价和风险评估标准的制定、修订，农药登记评价及风险评估体系进一步完善。

（二）推进农药数字监督管理平台建设

中国农药数字监督管理平台的总体框架基本完成，突出行政审批、行业监管、质量追溯、监测统计四大功能版块，各级农业农村部门、所有农药企业可通过平台办理各类业务，运行效果良好，有力支撑农业农村部门履职尽责。一是支持部级农药许可事项"一站式"办理。农药登记、试验单位认定和新农药登记试验等行政审批事项通过平台办理，使资料受理、技术审查、审批办结等环节的服务更加高效便捷，达到了"数据多跑路，企业少跑腿"的效果。截至2019年年底，通过平台申请办理农药行政许可2.36万多项。二是服务地方农药行业监督管理。各省、市、县农药管理部门和企业利用平台开展农药生产、经营许可审批打证和登记试验备案等业务，省级农业农村部门定期上报《农药管理条例》贯彻落实情况。截至2019年年底，各地通过平台办理生产许可1 078个，占全国核发数量的69.5％；办理经营许可20.726万个，占全国核发数量的68.8％，企业备案登记试验8 000多个（次）。三是强化农药产品追溯管理。按照农药标签二维码管理要求，逐步将农药生产企业和经营门店纳入平台的质量追溯管理系统，实现"一瓶一码"可追溯。截至2019年年底，已开通生产企业用户626家，累计纳入平台数据库的农药产品二维码信息40多亿条；有14.6万家经营门店注册使用平台的农资进销存系统，可借助本平台扫描标签二维码建立电子经销台账，有效防范了假冒伪劣农药流入市场。四是推进农药数字化管理。按照资源整合和数据共享的要求，初步构建了农药企业、生产动态、证照颁发、市场销售等相关信息的数据库，打通了农药产销信息统计的快速传输渠道，为农药管理决策、生产指导、市场监管和公众查询服务提供了数据支撑。

七、国际职责及履约

（一）成功举办国际食品法典农药残留委员会（CCPR）第51届年会

CCPR年会具有参会国家和国际组织多、会议规模大、代表层次高、国际影响力大等特点，已经成为国家和农业农村部的重要国际交流平台。CCPR第51届年会于2019年4月8—13日在澳门特别行政区成功召开，来自FAO、WHO等15个国际组织，以及欧盟、美国、澳大利亚等46个国家、地区的320名代表参加了本届年会。

（二）农药双边合作再创新高度

2019年4月24日，农业农村部部长韩长赋和阿根廷农业产业国务秘书共同签署中阿农药管理和技术合作备忘录，这是农药领域国际合作首次纳入部长级合作议题，是我国农药对外合作一个新的里程碑。此外，农业农村部农药检定所率团出访阿根廷、巴西、柬埔寨、泰国等国家和地区，与当地农药管理技术人员开展深入交流，在柬埔寨签署两国农药合作备忘录，夯实我国农药对外合作基础。

（三）多边机制国际履约有新突破

在第二届"一带一路"国际合作高峰论坛中，协调柬埔寨等9个国家的农业部门共同签署《促进"一带一路"合作、共同推动建立农药产品质量标准的合作意向声明》。这是农药议题首次纳入"一带一路"国际合作高峰论坛成果清单。此外，继续组织开展"一带一路"农药政策人才（农药残留专题）培训，新增"一带一路"农药产品质量标准研修班，尼泊尔、土耳其、阿根廷代表首次参加有关培训，受训人员覆盖区域从东南亚向"一带一路"沿线其他区域拓展。全年共向鹿特丹公约秘书处提交12种农药最后管制行动通知，积极参与缔约方大会并合理发声。

（四）持续优化农药和农产品进出口服务

积极推进农药进出口放行通知单的无纸化运行，启动出口农药资料信息证明无纸化申请试点，推广国际贸易单一窗口，进一步提高农药进出口贸易的便捷性。在中美贸易摩擦的艰难外部环境下，2019年我国农药出口数量和金额保持双稳定。南美洲首次成为出口第一大区域，有关出口的未来发展潜力广阔。通过官方评议等工作，将摩洛哥新规对我国茶叶出口的影响降到最低限度，最大限度保护了我国茶产业。

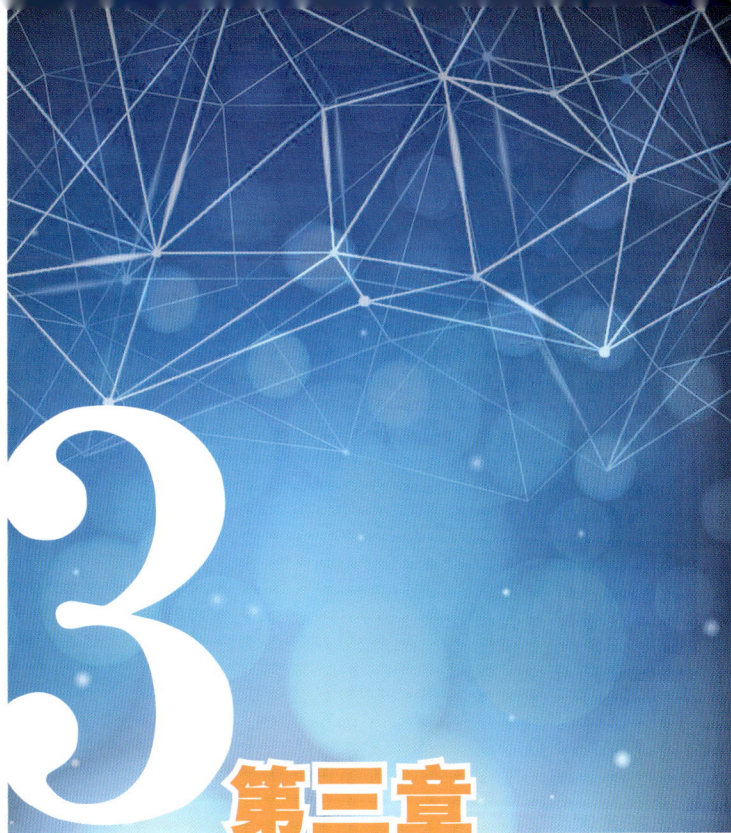

3

第三章

农药登记产品

一、登记总体情况

截至2019年12月31日，我国在有效登记状态的农药有效成分达到710个，产品41 271个，其中大田用农药38 721个，卫生用农药2 550个。生产企业1 941个。2013—2019年，虽然农药登记数量的年均增长率为5.61%（图3-1），但2019年与2018年相比却降低了0.59%。

图3-1　2013—2019年每年农药登记总量

2019年是近年取得农药登记数量最少的一年，只登记了294个产品，其中大田用农药264个、卫生用农药30个。2019年登记数量与2018年同比下降了93.5%（图3-2），体现了实施农药减量行动，主要与实施新修订的《农药管理条例》提高门槛有关，也可能受环保和农药生产企业生产许可证的颁发等政策限制，导致转行和兼并重组等。

图 3-2　2013—2019 年每年新增农药登记数量

二、登记特点分析

（一）微毒、低毒农药持续增加

从农药毒性级别看，近年登记的农药产品结构在悄然改变，每年微毒和低毒农药登记数量占当年农药登记总量的比值在稳步上升（近 7 年从 78.3％上升到84.6％），年均增长率为 1.30％（图 3-3），相应每年的中等毒、高毒和剧毒农药登记数量占当年农药登记总量的比值在逐渐下降。

微毒和低毒农药登记数量占本年度新增登记数量的比值已持续 7 年维持在90％以上（年平均值为 93.4％）。而 7 年来在每年新农药登记中，微毒、低毒新农药登记数量占本年度新农药登记数量比值的年平均值为 96.6％，其中有 3 年已达到了 100％（图 3-4）。以上体现了我国登记的高毒农药数量在快速递减，低毒农药数量在显著增加。随着《农药管理条例》和配套规章的实施，将会加快对高毒、高残留、高环境风险农药的替代和管理，确保农药的安全性，推进农业绿色发展。

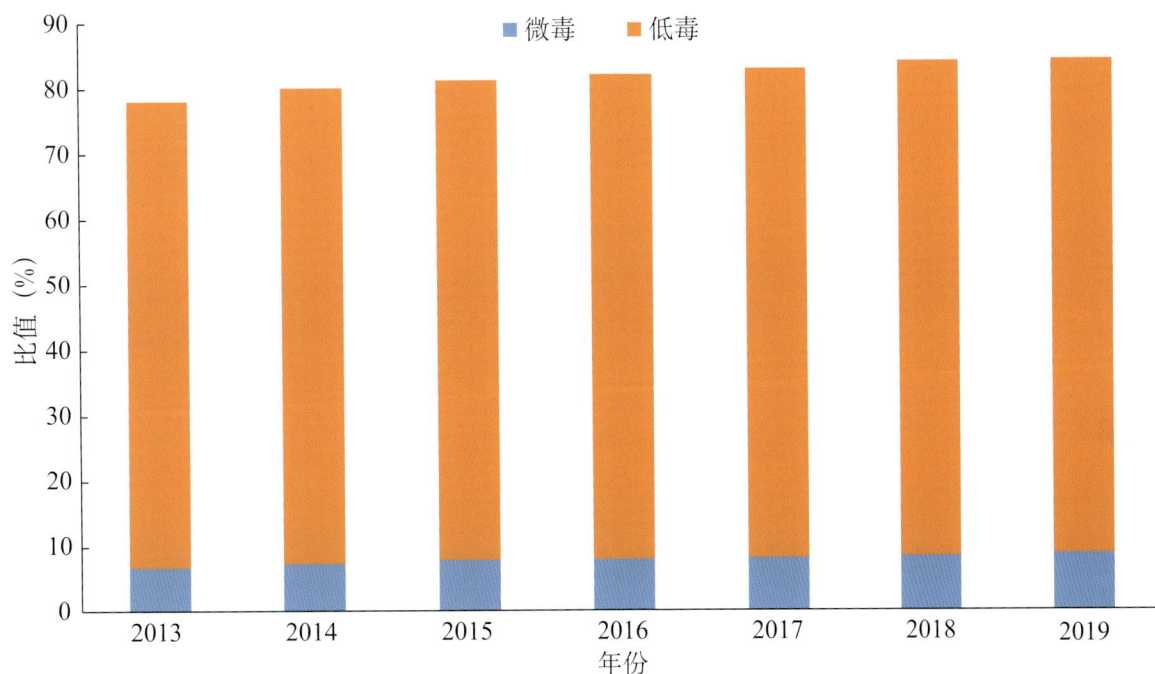

图 3-3　微毒、低毒农药登记数量占当年农药登记总量的比值

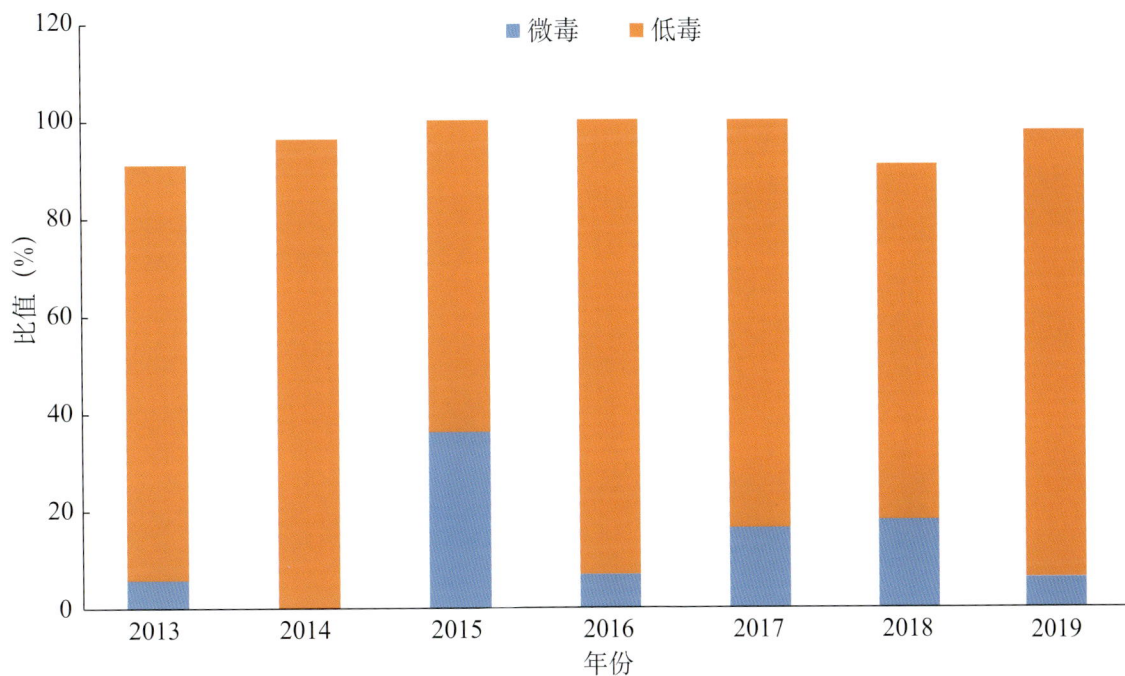

图 3-4　微毒、低毒新农药登记数量占本年度新农药登记数量的比值

（二）环境友好剂型快速提升

近年来，我国登记农药环保型剂型的数量在快速上升，剂型优化趋势显著，降低了对人畜和环境的影响。从登记产品剂型看，虽然每年乳油登记数量一直处于领先位置，但其占当年产品登记总量的比值却一直呈下滑形势，年均下降率为9.14%，可湿性粉剂的年均下降率为7.01%，而悬浮剂、水分散粒剂和可分散油悬浮剂的比值在持续上升，年均增长率分别为5.83%、3.61%、14.5%（图3-5）。

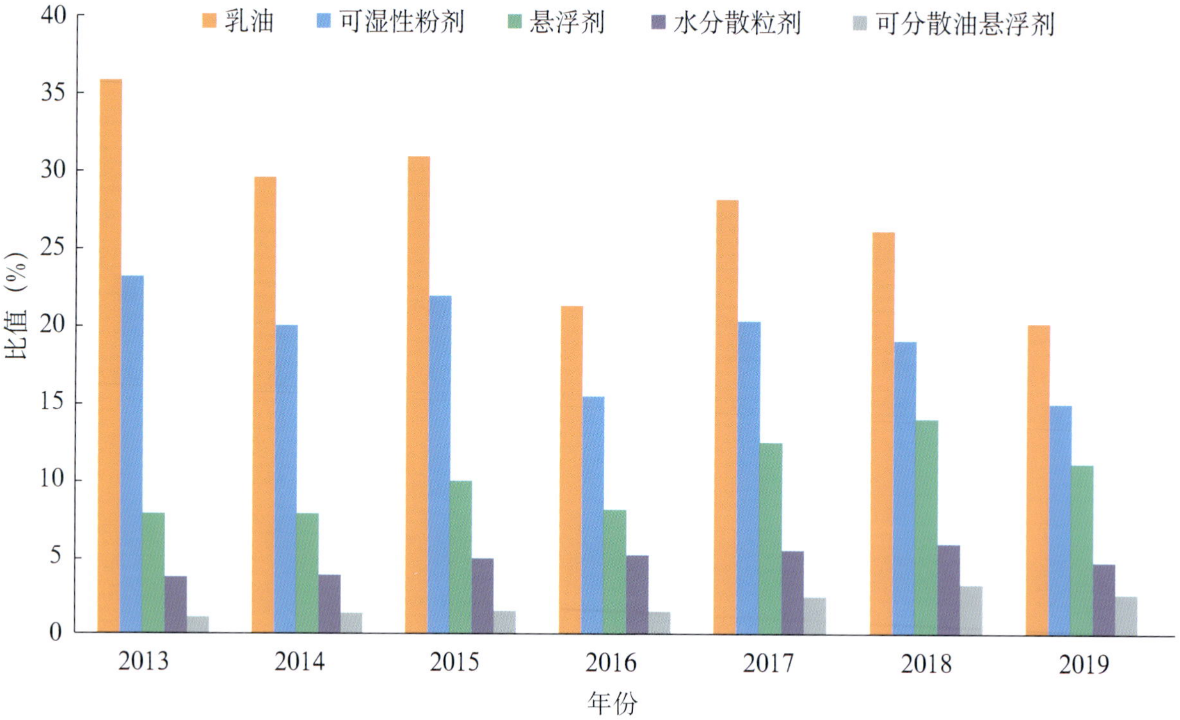

图3-5　各主要剂型登记数量占当年产品登记总量的比值

需要关注的是，每年各主要剂型登记数量占本年度新增产品登记数量的比值变化差异较大（图3-6），其中悬浮剂的登记数量占本年度新增产品登记数量的比值上升最快，自2013年起就已名列前茅，其2019年的占比与2013年同比增长了41.0%；可分散油悬浮剂的增长显著，年均增长率为22.6%，其2019年的占比与2013年同比增长了240%；水分散粒剂和乳油与本年度产品登记数量比值均下降平缓，它们年均下降率为9.50%和8.23%；可湿性粉剂与本年度产品登记数量比

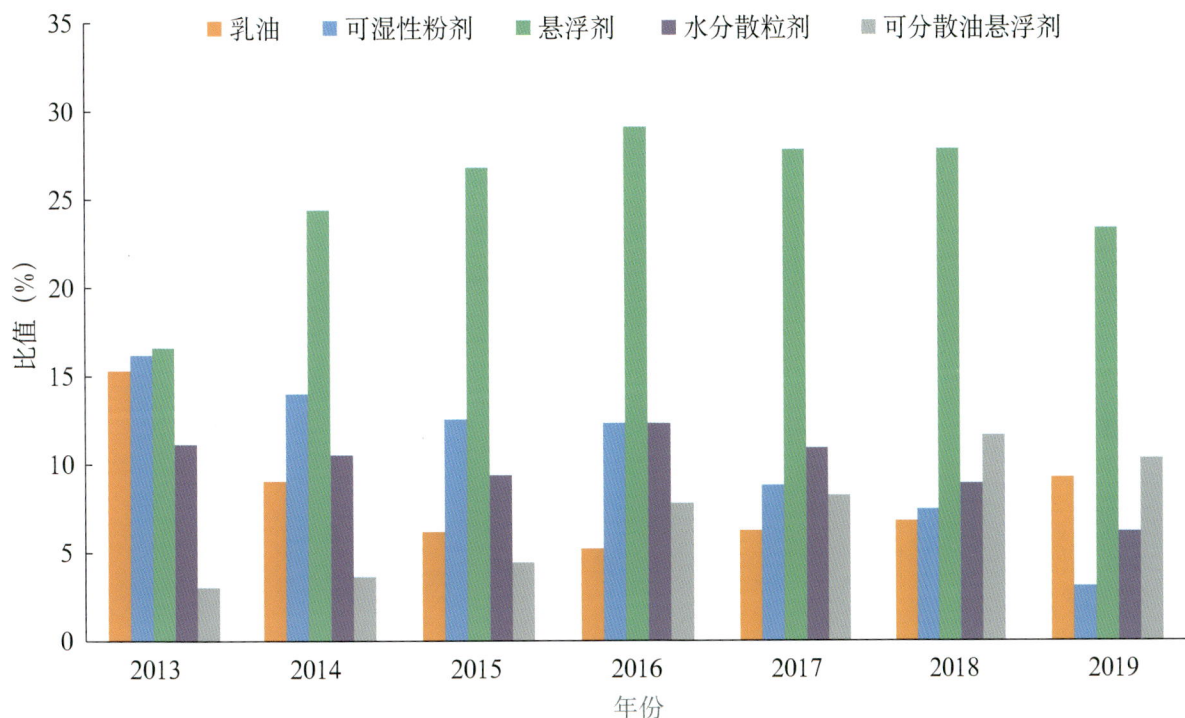

图 3-6　各主要剂型登记数量占本年度新增产品登记数量的比值

值明昂下滑，其年均下降率为24.1％，与2013年同比下降了80.9％。

在每年登记的新农药中环境友好剂型的种类增多，除悬浮剂、悬浮种衣剂、微囊悬浮剂等大宗剂型外，还有挥散芯等剂型。

（三）三大类农药趋于平均

从农药的用途类别看，虽然每年杀虫剂登记数量一直处在领先地位，但它与当年农药登记总量的比值在持续下降（年均下降率4.76％），而除草剂、杀菌剂的比值在缓慢上升（年均增长率分别为2.60％和1.50％），此情况与发达国家基本类似。

2016年起，杀虫剂（包括卫生用农药）登记数量占本年度新增农药登记数量的比值不再占据领先的位置，并逐年降低。2017年起除草剂登记数量稳居第一（7年的年均增长率为2.55％），其余二者紧跟其后（图3-7），但杀虫剂、杀菌剂和除草剂三大类农药登记数量占本年度新增农药登记数量的比值趋向显著平均（图3-8），反映出我国正在朝着多种类农药方向发展。

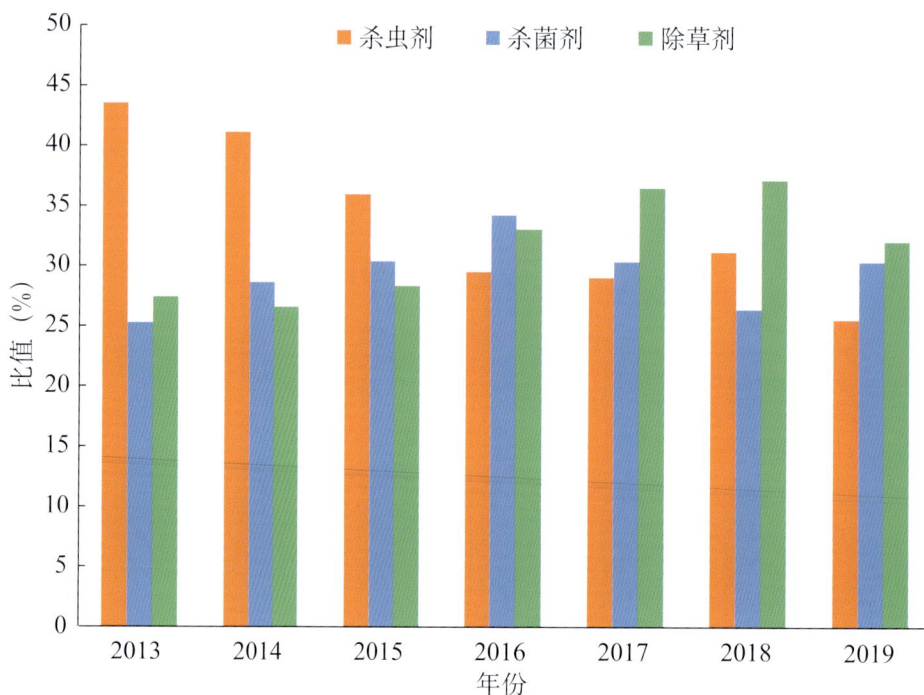

图 3-7　三大类农药登记数量占本年度新增登记数量的比值

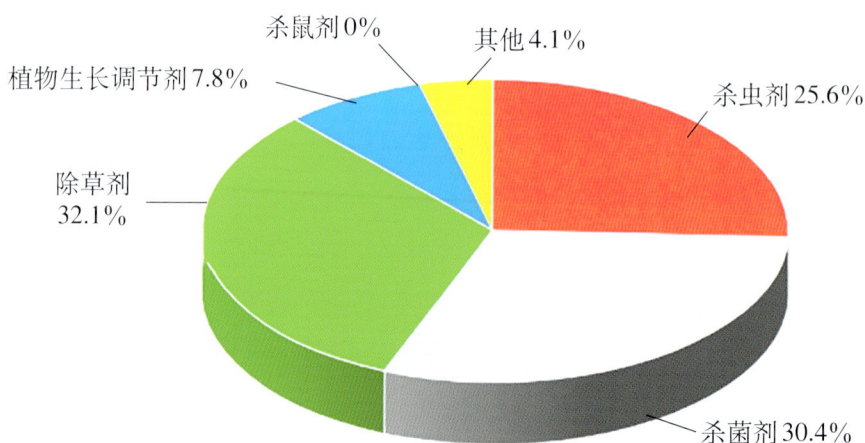

图 3-8　2019年各类农药登记数量占本年度新增登记数量比值

2013—2018年，每年卫生用农药登记数量占本年度新增农药登记数量的比值在明显下滑（图3-9），但由于2019年登记总量锐减，相对卫生用农药登记数量占本年度新增登记数量比值的年均增长率居然上升了2.14%，目前，卫生用农药登

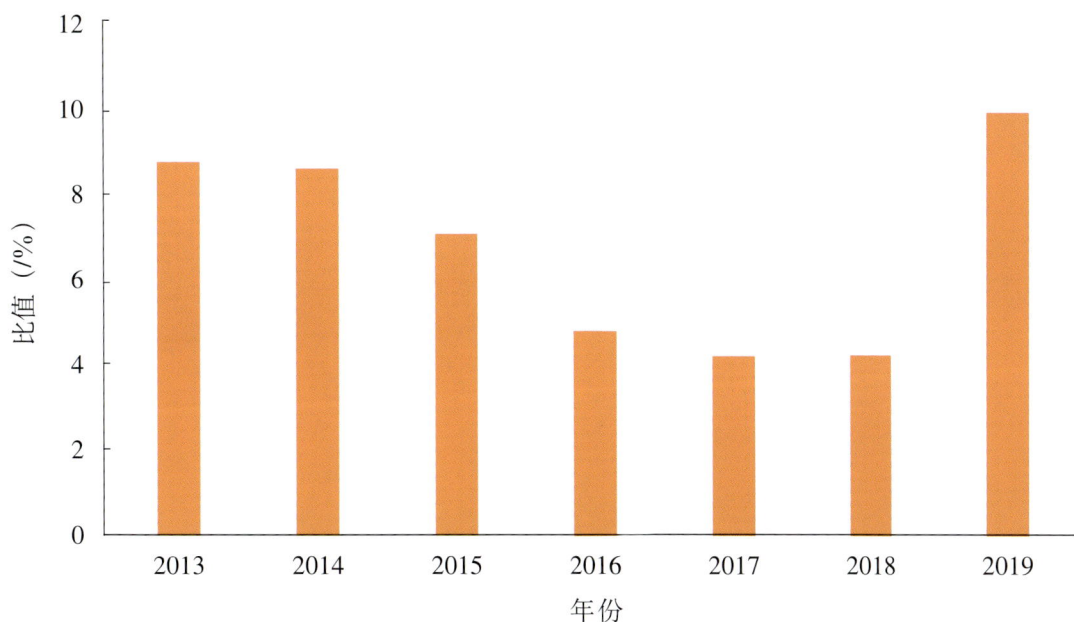

图 3-9　卫生用农药登记数量占本年度新增农药登记数量的比值

记产品总量维持在 2 500 个左右。可能主要是因为卫生用农药登记资料要求和评审原则相对其他类别农药的要求偏低。

（四）生物源农药增长显著

在 2017 年实施的《农药登记资料要求》（简称《要求》）中，没有明确生物源农药或生物农药的定义，但按照来源将农药分为化学农药、生物化学农药、微生物农药、植物源农药，其中后面 3 类属于生物源农药。农用抗生素是通过微生物发酵生产的，也属于生物源农药，但在登记资料要求方面基本等同于化学农药。农业农村部在对十三届全国人大二次会议第 6733 号建议的答复（农办议〔2019〕243 号）中指出，生物农药主要包括生物化学农药、微生物农药和植物源农药，农用抗生素不包括在内。

2019 年在有效登记状态的生物源农药的有效成分有 121 个，产品 1 654 个（此统计数据暂未包括农用抗生素，不排除个别历史遗留等问题而影响统计的准确率）。近 5 年来其有效成分的年均增长率为 9.88%，产品的年均增长率为 9.44%（图 3-10、图 3-11）。这显示我国生物源农药登记数量在稳步增加，生物源农药正

图3-10　2015—2019年各类生物源农药有效成分登记数量

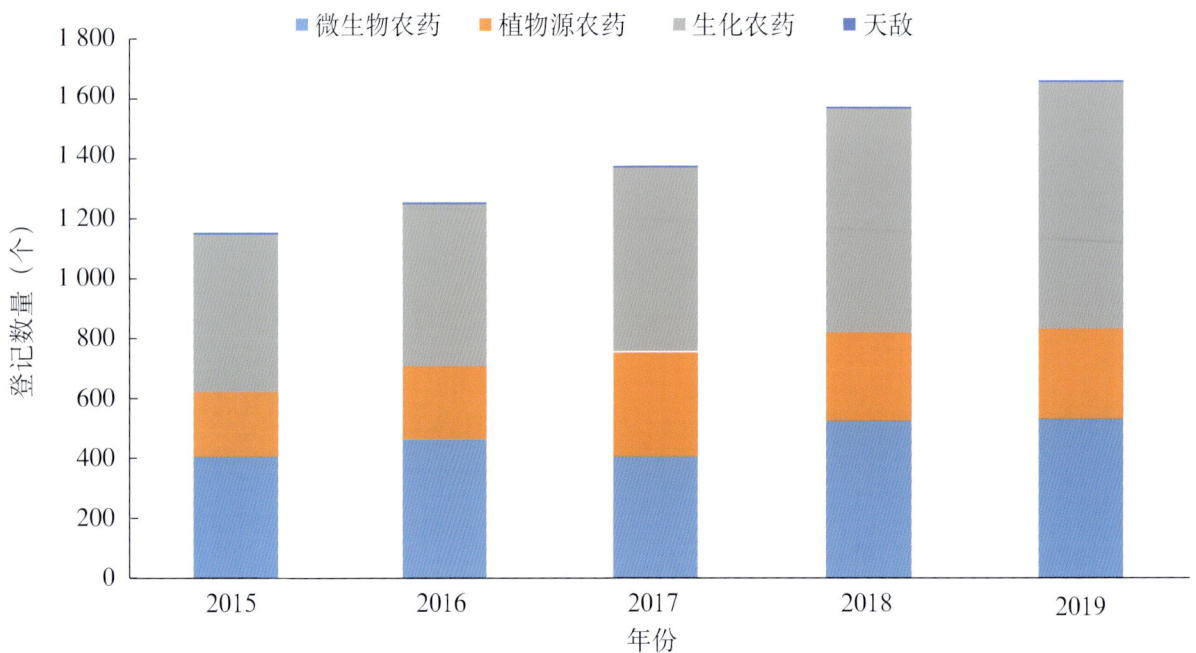

图3-11　2015—2019年各类生物源农药产品登记数量

在蓬勃发展。

近7年，在每年登记的新农药品种中，生物源农药品种的占比一直稳步上升（图3-12），年均增长率为35.8%。2017年的新增生物源农药品种首次超过新增化学农药品种。另外，原药、母药与制剂同时登记的生物源农药品种越来越多，总体处于上升趋势，7年的年均增长率为4.22%。2019年这类农药在新农药品种数量的占比为81.8%（图3-13）。这与联合国粮食及农业组织（FAO）、世界卫生组织（WHO）用于保护植物和公共卫生的生物农药登记指南要求相似。

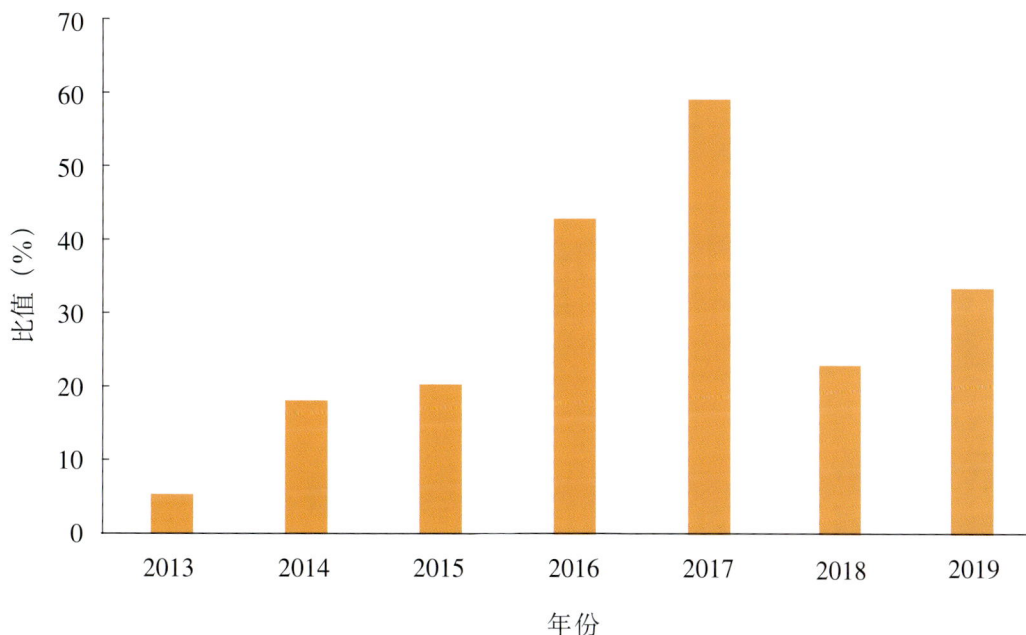

图3-12　生物源农药占本年度新农药品种数量的比值

我国在政策上将逐步建立登记绿色通道，加快生物农药登记和产业化进程，落实减免增值税和对使用生物农药的补贴政策；在技术上，已制定100多项生物农药相关标准，国际上FAO、WHO有生物农药质量的产品标准5项和微生物基础标准7项；另外，根据《要求》，微生物农药不同菌株按不同有效成分对待，其有效成分数量也会随之有所增长，这都将促进生物农药的加速起航。据国际生物防治行业协会（BioProtection Global，BPG）总裁的推测，2019年全球生物防治产品销售额将超过40亿美元，与2018年同比将显著增长60%。近期生物农药可能

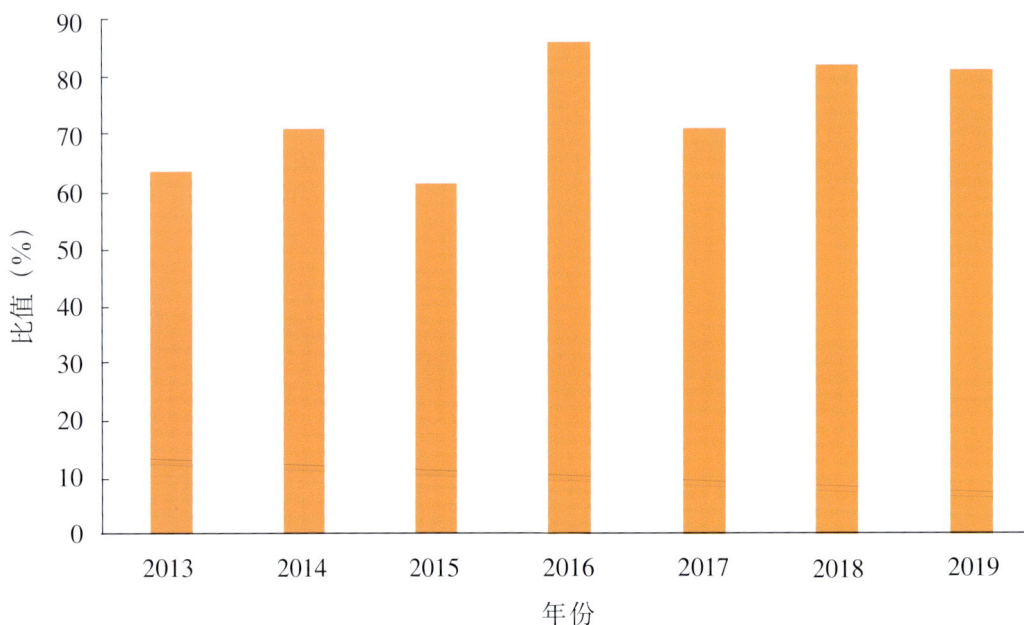

图 3-13　原药、母药与制剂同时登记的生物源农药占新农药品种数量的比值

会出现上升趋势。

（五）我国农药的制造水平在提高

　　新修订的《农药管理条例》鼓励和支持研制、生产、使用安全、高效、经济的农药，为低风险农药发展创造了良好机遇。在此形势下我国制造和研发的农药及专利产品随之增多。近7年国内企业登记的新农药品种数量与本年度新农药品种数量比的平均值为64.4%，2019年国内企业申请登记的新农药品种数量与本年度新农药品种数量的比值为61.9%（图3-14），这标志着我国农药的制造和研发水平在提高。

　　而境外企业登记的新农药多具有作用机制新颖、与现有要求无交互抗性、低残留或对环境影响小等特点，在农药领域中具有一定引领作用。

　　随着新农药的增加，高效、低风险农药将在市场中逐步改进品种结构，成为农药发展主流。

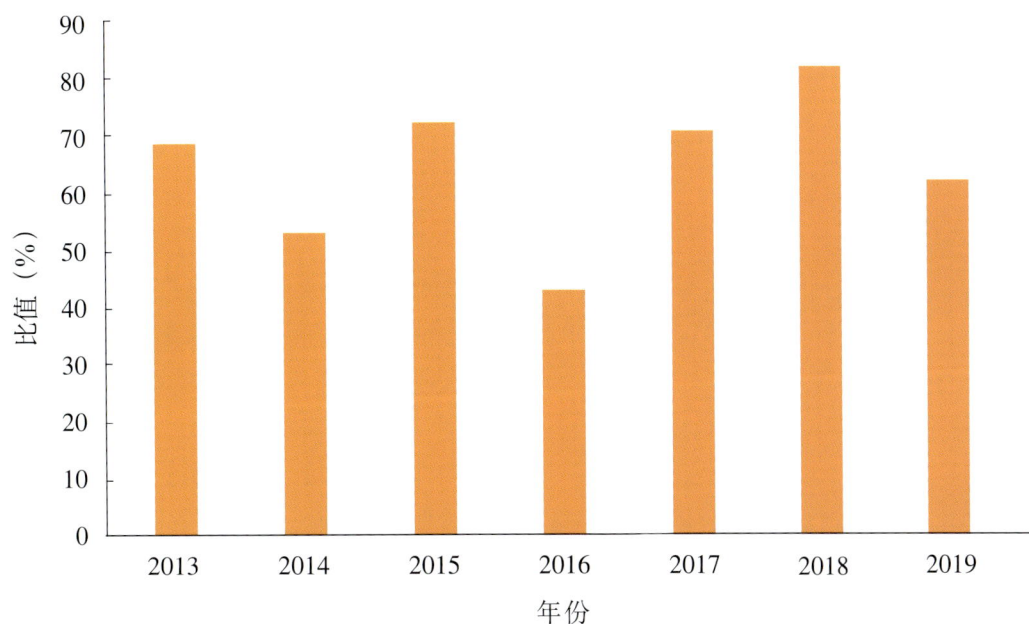

图 3-14　国内企业申请登记的新农药品种数量占本年度新农药品种数量的比值

（六）加快特色小宗作物用农药登记

特色小宗作物通常指种植面积小或农药使用量少及特产的作物。目前，国际上对小宗作物没有统一定义，一般认定因农药使用量有限，生产企业不愿主动开展农药登记的作物属于小宗作物范畴。

为满足市场的需求，解决特色小宗作物"无药可用"的难题，在政策上推进开展特色小宗作物用药试验政府购买服务项目，符合条件自愿承担的单位可申请登记试验（药效和残留）项目，鼓励参与联合试验、群组化登记，加强试验监督管理；同时建立特色小宗作物用药产品试验资料集中申报和审评工作机制，提高评审效率。

依据特色小宗作物特点，借鉴国际组织和发达国家做法，在技术上采用药效与残留群组化登记试验和审批，以降低登记成本，加快登记步伐。现已制定近170项特色小宗作物药效试验准则、防治规范和残留测定方法等相关标准。在《食品安全国家标准 食品中农药最大残留限量》（GB 2763—2019）中新增119种特色小宗作物上的804项限量，总数达到1 602项，是2016版标准的2倍多。

2019年3月29日，农业农村部发布了农办农〔2019〕10号特色小宗作物的"3个名录"。在《用药短缺特色小宗作物名录（2019版）》中，包括杂粮杂豆、油料、蔬菜、水果、饮料、食用菌、调味料、药用植物、饲料、花卉、麻类和其他12类特色小宗作物，涉及375种作物（不包括同类作物）。在《特色小宗作物农药登记药效试验群组名录（2019版）》中，包括"蔬菜-虫害"药效试验群组分16个代表作物、防治对象及可延伸的作物/防治对象，"蔬菜-病害"药效试验群组分28个代表作物和防治对象及可延伸的作物/防治对象，"药用植物-虫害"药效试验群组分8个代表药材、防治对象及可延伸的药材/防治对象，"药用植物-病害"药效试验群组分13个代表药材、防治对象及可延伸的药材/防治对象。在《特色小宗作物农药登记残留试验群组名录（2019版）》中，包括杂粮杂豆、油料、蔬菜、水果、坚果、饮料、食用菌、调味料、药用植物、其他食用作物10类特色小宗作物，涉及237种作物和58种代表作物。截至2019年12月31日，已登记100余个用药短缺特色小宗作物和3 700多个用药产品,使特色小宗作物用药短缺问题得到初步缓解。

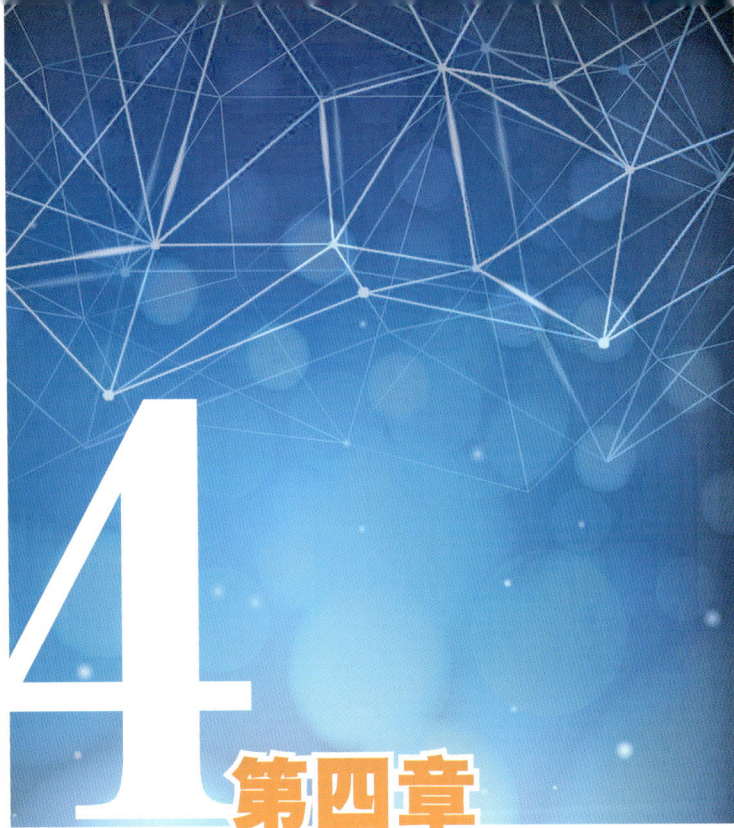

4

第四章

第四章

农药工业运行

　　2019年面对复杂多变的外部环境，农药行业攻坚克难，积极落实高质量发展和绿色发展要求，深化供给侧结构性改革，坚持稳中求进。整体来看，2019年，我国农药生产基本供需平衡，满足农业、卫生及其他部门需求，为保障农业生产、粮食安全提供了重要支撑。

一、农药生产情况

国家统计局数据显示，2019年农药行业规模以上企业化学农药原药（100%）产量为225.4万吨，同比增长8.2%。其中，除草剂原药产量为93.5万吨，同比下降7.1%，占农药总产量的41.5%；杀虫剂原药产量为38.9万吨，同比下降5.4%，占农药总产量的17.3%；杀菌剂原药产量为16.5万吨，同比增长7.8%，占农药总产量的7.3%（表4-1）。

表4-1　农药行业规模以上企业农药产量情况

农药类别	2019年（万吨）	2018年同期（万吨）	同比（%）
化学农药原药	225.4	208.3	8.2
杀虫剂原药	38.9	41.1	−5.4
杀菌剂原药	16.5	15.3	7.8
除草剂原药	93.5	100.6	−7.1

数据来源：国家统计局。

根据国家统计局的统计数据，2019年农药产量前三名的省份依次是：江苏、四川和浙江，农药产量分别为74.3万吨、39.2万吨和20.8万吨，产量均超20万吨，占总产量的59.6%；其次分别为山东、湖北、安徽和河南，产量均在7万吨以上（图4-1）。

江苏省作为农药生产第一大省，受响水事故影响，江苏全省实施了更加严格的安全、环保政策，部分重要农药生产企业被迫停工、限产，2019年江苏农药总产量同比下降3.3%。浙江、湖北、安徽、河南、江西和湖南的农药产量亦有下降，同比分别下降4.5%、7.3%、2.2%、10.2%、11.3%和42.9%。此外，江苏、浙江、上海一带的部分生产企业外迁，带动一些省份农药生产能力和产量增加。与此同时，一些地区原有企业通过增加环保投入、减少停产检修等措施提升

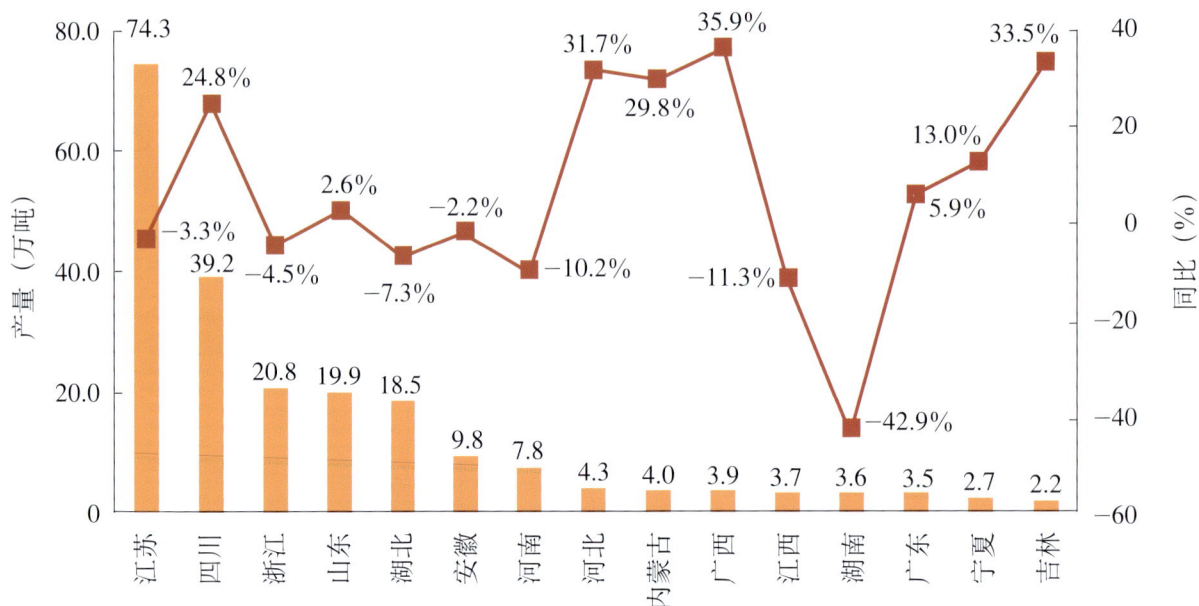

图 4-1 2019年我国农药生产大省产量情况

（数据来源：国家统计局）

开工率，使得产量增长显著，如四川、河北、内蒙古、广西和吉林，同比分别增长24.8%、31.7%、29.8%、35.9%和33.5%。

二、行业运行情况

（一）行业经济效益

国家统计局数据显示，2019年全国农药行业719家规模以上企业资产总计2 660.52亿元，同比增长5.6%；主营业务收入2 146.43亿元，同比增长4.8%；利润总额达到197.80亿元，同比增长0.2%，其中，化学农药利润总额同比下降4.2%，生物化学农药及微生物农药同比增长26.8%（表4-2）。

表4-2　2019年规模以上农药企业经济指标情况

行业类别	企业数（个）	资产总计		主营业务收入		利润总额	
		2019年（亿元）	同比（％）	2019年（亿元）	同比（％）	2019年（亿元）	同比（％）
农药制造	719	2 660.52	5.6	2 146.43	4.8	197.80	0.2
化学农药制造	586	2 366.05	4.7	1 868.13	4.3	163.61	−4.2
生物化学农药及微生物农药制造	133	294.47	13.0	278.29	8.4	34.19	26.8

数据来源：国家统计局。

从国家统计局数据来看，我国农药行业规模以上企业主营业务稳步增加，但企业数量逐渐减少，2019年较2009年的956家减少了237家，较2018年减少52家。从企业利润方面来看，利润不断增长，但增幅收窄，受外部环境和产业政策的多重因素影响，企业生产成本增加，产品价格上涨受限，规模以上企业利润总额增幅收窄，2019年利润总额197.80亿元，同比增长0.2%。从企业平均利润表现来看，2019年平均利润为2 751.04万元，同比下降6.6%，连续第二年同比下降。

2019年，农药制造业规模以上企业亏损115家，亏损额达到15.26亿元，同比增长8.7%（表4-3）。

表4-3　2019年规模以上农药企业亏损情况

行业类别	企业数（个）	亏损企业数（个）		亏损企业亏损额（亿元）	
		2019年	同比（％）	2019年	同比（％）
农药制造	719	115	30.7	15.26	8.7
化学农药制造	586	95	26.7	14.38	10.1
生物化学农药及微生物农药制造	133	20	53.8	0.88	−10.9

数据来源：国家统计局。

（二）行业上市企业运行情况

2019年以来，我国农药行业经受了中美贸易摩擦、汇率波动、经济下行、安全环保监管趋严等多方面因素影响和复杂的外部环境挑战，农药企业有效结合自身优势，攻坚克难，在市场低迷和多重困难下积极应对，行业经济运行总体平稳，发展质量稳步提升。

截至2020年4月30日，农药行业主要的32家上市公司中，31家披露了2019年度业绩报告，其中22家企业2019年度的营业收入同比增长，9家同比下降，其中，湖南海利营业收入首次突破20亿元，利润过亿元，实现跨越式增长；12家企业2019年度的归母净利同比上涨，19家同比下降（表4-4）。

表4-4 2019年主要农药上市公司业绩情况

企业名称	营业收入（亿元）	同比（％）	归母净利（亿元）	同比（％）	类型
海利尔	24.67	12.56	3.16	−14.05	减
农发种业	51.36	49.02	0.18	−42.64	减
扬农化工	87.01	1.38	11.70	19.40	增
中化国际	528.46	−11.86	4.60	−49.54	减
兴发集团	180.39	1.03	3.02	−24.81	减
江山股份	47.81	21.93	3.00	−23.47	减
新安股份	109.57	−0.40	3.78	−69.34	减
湖南海利	21.49	32.00	1.01	96.28	增
钱江生化	3.80	−14.10	0.19	142.96	增
和邦生物	59.69	−0.66	5.17	42.35	增
广信股份	31.10	9.25	5.06	7.80	增
先达股份	15.75	−3.75	2.05	−18.49	减

（续）

企业名称	营业收入（亿元）	同比（％）	归母净利（亿元）	同比（％）	类型
苏利股份	18.13	10.13	3.03	−2.86	减
中农立华	43.42	16.28	1.19	2.96	增
丰山集团	8.66	−34.24	0.35	−74.96	减
丰乐种业	24.04	24.74	0.57	7.59	增
安道麦A	275.63	2.59	2.77	−88.68	减
永太科技	34.30	4.08	2.72	−38.48	减
新奥股份	135.44	−0.65	12.05	−8.82	减
中旗股份	15.69	−4.90	1.50	−28.40	减
新农股份	10.86	12.32	1.55	20.63	增
正邦科技	245.18	10.87	16.47	751.53	增
诺普信	40.58	1.32	2.36	−28.30	减
联化科技	42.84	4.12	1.44	284.36	增
利尔化学	41.64	3.40	3.11	−46.15	减
长青股份	33.77	12.54	3.71	16.09	增
辉丰股份	12.26	−51.32	−5.04	−7.84	减
蓝丰生化	15.04	1.56	−5.17	−40.96	减
利民股份	28.33	86.46	3.22	56.17	增
贝斯美	4.94	6.21	0.64	−18.34	减
国光股份	10.14	17.20	2.01	−14.26	减

在以上31家上市公司中，29家均实现了不同程度的盈利，钱江生化、联化科技和正邦科技归母净利同比增长显著，分别为142.96％、284.36％和751.53％；新安股份、丰山集团和安道麦A的归母净利同比下降均超50％，分别为69.34％、

74.96%和88.68%。

此外，辉丰股份和蓝丰生化这两家公司出现亏损，其披露的年报显示，辉丰股份受原药合成产品未能如期恢复生产等影响，全年营业收入同比下降51.32%，归母净利润亏损5.04亿元；蓝丰生化全年营业收入实现增长，但由于计提商誉等各项资产减值准备的影响，归母净利润亏损5.17亿元。

三、市场价格情况

从中国农药工业协会发布的价格指数来看，进入2019年，外需不振，内需不足，农药价格指数总体呈现下降态势。据中国农药工业协会监测数据显示，2019年中国农药价格指数在波动中下跌，呈现高开低走的格局，从1月初的最高点102.69，逐渐下跌至12月末的最低点92.44，下降9.98%，同比下降11.23%，反映了中国农药价格指数持续下跌的态势（图4-2）。其中，12月除草剂价格指数70.31，同比下降20.51%，较1月下降16.60%；杀虫剂价格指数118.29，同比下降8.48%，较1月下降9.42%；杀菌剂价格指数139.86，同比上涨12.98%，较1月上涨8.58%。

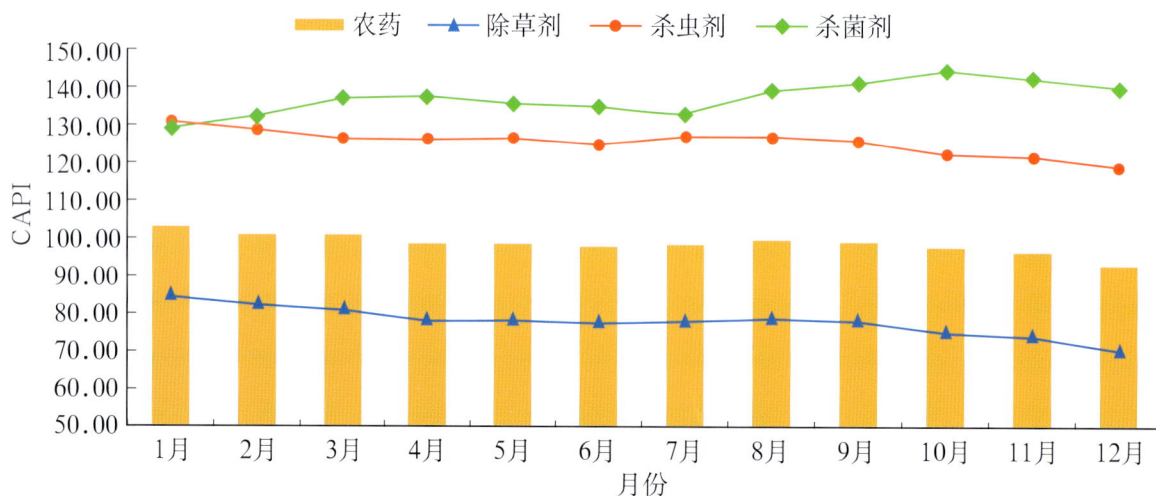

图4-2　2019年中国农药价格指数情况

注：中国农药价格指数（CAPI）是以企业实际订单生产的加权平均成交价格为基础，与市场报价有所区别。

（数据来源：中国农药工业协会）

对比2019年和2018年价格指数同比变化情况可以看到，除1月之外，2019年农药价格指数整体均低于2018年同期水平（图4-3）。2018年受全球粮食价格回涨、原油价格回升带动基础化工产品价格上涨，加之安全、环保重压和供给侧结构性改革带来的优胜劣汰和成本增加的影响，部分原药供应紧张，农药产品价格强势回涨，价格指数在2018年下半年高位运行。2019年国内外农药市场需求低迷，行业进入周期性低谷，使得2019年较同期水平的差距凸显。

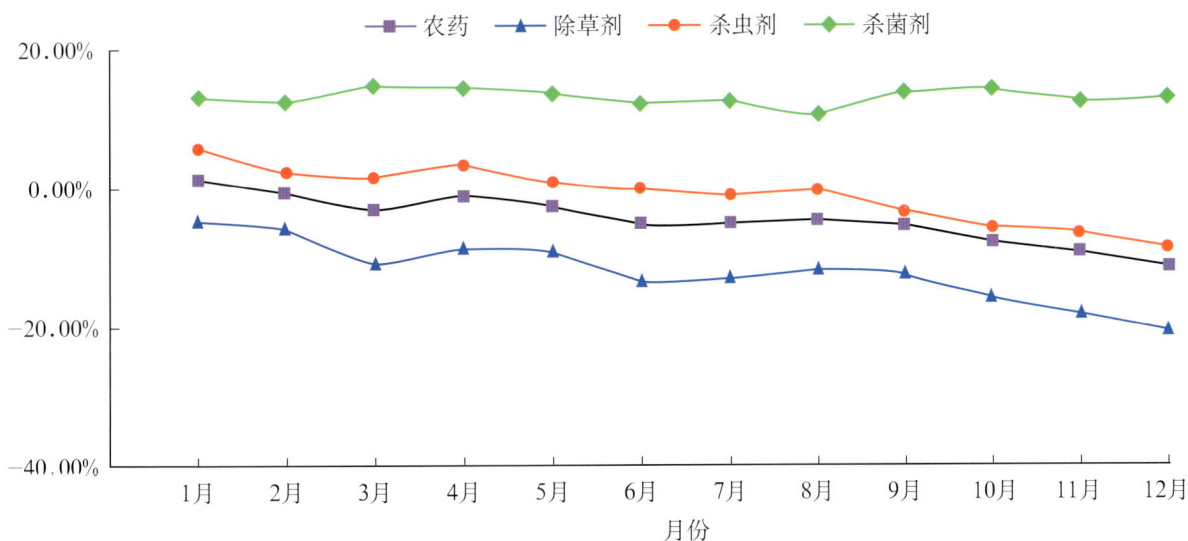

图 4-3　2019年中国农药价格指数同比变化情况

注：0.00%为2019年同比变化基准线。

（数据来源：中国农药工业协会）

2019年，除草剂价格指数同比曲线图均位于0.00%线以下，说明其整体亦低于同期水平，且随时间推移差异越大，12月同比下降20.51%，达到最大同比差。杀虫剂价格指数同比曲线图在上半年位于0.00%线以上，高于2018年同期水平，下半年指数回落，降至0.00%线以下，12月同比下降8.48%，达最大同比差。杀菌剂价格指数始终保持上涨态势，整体均高于2018年水平，12月同比增长12.98%。

四、兼并重组情况

从行业发展来看，集约化、规模化是农药企业做大做强的必由之路，随着行业竞争的加剧以及环保压力加大，我国农药行业也进入了新一轮整合期。2019年，国内农药行业兼并重组进入深水区，企业实力也发生了变化，典型案例如利民+威远，颖泰+常隆，诺普信+经销商，扬农+中化和农研等，以大型企业为主导的生产经营格局愈加明显。随着环保、安全等压力逐渐增加，由此带来的一系列连锁反应以及鼓励农药企业兼并重组政策的实施，将持续加速农药行业上下游产业链整合。

1月11日，辉丰股份与安道麦A签署有关资产收购的谅解备忘录，辉丰公司拟出售持有或控制的与农用化学品或农化中间产品的研发、生产、制剂、销售及市场营销相关的资产。

1月29日，红太阳完成收购阿根廷Ruralco公司60%的股权。

3月21日，安道麦拟收购中国农化国际有限公司所持有的江苏安邦电化有限公司100%的股权。

6月27日，利民股份发布公告，完成收购新奥股份旗下威远资产组60%的股权。

7月13日，海利尔拟以自有资金10 060.00万元收购青岛凯源祥化工有限公司的100%股权。

9月6日，南通江山农药化工股份有限公司收购哈尔滨利民农化技术有限公司67%的股权。

10月10日，扬农化工完成对中化作物和沈阳中化农药化工研发有限公司100%股权的收购。

10月29日，四川国光农化股份有限公司以自有资金收购重庆双丰化工有限公司持有的依尔双丰100%股权。

11月6日，安道麦与江苏辉丰农化股份有限公司签署合作框架协议，在合资公司的框架内，安道麦将收购江苏辉丰旗下的上海迪拜植保有限公司50%股权。

11月18日，UPL通过其在香港的分公司，同意收购位于河北的燕化永乐（乐亭）生物科技有限公司的100%股权，以及北京燕化永乐生物科技股份有限公司25%的股权。

11月21日，利民控股集团股份有限公司挂牌成立，利民企业的集团化改制顺利完成，将利民体系下的五大生产基地、10余家子公司和参股企业，整体纳入集团的管控之下。

12月4日，安徽辉隆农资集团股份有限公司拟以发行股份、可转换公司债券及支付现金的方式购买安徽海华科技有限公司100%股权。

五、创制能力及工艺提升

我国农药行业经过多年发展，新农药创制体系不断完善，创新能力和竞争力不断提高，已成为国际上少数具有新农药创制能力的国家之一。我国农药工业已形成了包括原药生产、制剂加工、科研开发和原料中间体配套的完整农药工业体系，成为我国化学工业的重要组成部分和发展重点。2019年，农药创新水平提升，创制成果成功转化，其中具有自主知识产权的创制品种中，有2个首次获得农业农村部农药检定所正式登记，这两个品种为江苏清原农冠杂草防治有限公司生产的创制除草剂环吡氟草酮和双唑草酮。

近年来，经过几代人的不断努力，我国突破了吡啶、贲亭酸甲酯、氯代三氟甲基吡啶、乙基氯化物等关键共用中间体及不对称手性合成、催化加氢、定向硝化氯化、生物拆分等绿色新工艺，为农药工业的快速发展提供了技术支撑的同时，行业产学研携手推动创新成果转化提升。2019年，微反应生产工艺以安全生产尤其是降低危险系数较高的生产工艺风险的优势，被引入到多家农药生产企业的工业化生产中，如扬农集团自主研发的吗啉丙醛法——首次采用微通道反应器生产关键中间体，丰山集团的微流场反应技术制备手性除草剂的绿色生产工艺等。微反应工艺的快速发展和越来越广泛的应用，为精细化的农药工业发展提供了技术支撑。同时，清洁生产水平提高，扬农公司的绿色农药清洁生产关键技术项目应用绿色化学原理和技术，首创了一系列具有自主知识产权的清洁生产关键技术和共性技术，实现了"三废"的规模化减排和废弃物的资源化利用，有助于我国农药生产过程中推行循环型生产方式、提高资源利用率、加快补齐环保短板，同时对于加快产业转型升级和巩固我国农药生产竞争优势具有积极的战略意义。

六、产业布局动向

随着2015年新《中华人民共和国环境保护法》的实施与相应政策的出台，以及供给侧结构性改革持续深入，我国农药产业不断进行结构调整和转型，淘汰部分落后、过剩产能，兼并重组进程加速，产业集中度不断提高。从产业布局来看，全国范围内化工园区风险管控升级，优化布局，农药产业准入和改造升级，其中江苏省计划关闭9个化工园区，关闭1 431家、整治4 022家化工企业；内蒙古不再布局新的化工园区等。

2019年，在安全环保压力日益加大的影响下，部分有实力并准备继续扩大生产的企业开始向其他地区转移，或整体搬迁，或新建生产基地。从当前已经实施的项目来看，这些企业的主要搬迁方向是东北的吉林和辽宁、内蒙古中西部的乌海和鄂尔多斯、宁夏的宁东和中卫、甘肃的兰州以及四川等地，如红太阳在重庆新建咪鲜胺和草铵膦生产基地、湖南海利产品线逐步转移至宁夏等。今后几年，还将有一些江苏、浙江、山东等东部沿海地区的企业向上述地区转移。

七、相关政策影响

2019年，安全环保压力空前增大，农药行业面临着诸多挑战，全国各地对化工园区开展停产、停工整顿，部分规模较大的农药企业受地方政策、资源供应的影响，生产受到制约。企业两极分化趋势明显，部分企业被淘汰，也有部分企业通过兼并重组、提高产能、加强新产品新技术储备等策略，集中优势资源做强做大，农药行业正处于从高速发展到高质量发展的转型关键时期。

4月8日，国家发改委《产业结构调整指导目录（2019年本，征求意见稿）》发布，石化化工行业鼓励类有20大类，其中包括高效、安全、环境友好的农药新品种、新剂型（水基化剂型等）、专用中间体、助剂（水基化助剂等）的开发与生产等。这将有效促进我国农药产品结构的优化调整，在满足农业生产需求的同时降低对环境的影响。

6月5日，国务院常务会议审议通过了《中华人民共和国固体废物污染环境防治法（修订草案）》，草案强化工业固体废物产生者的责任，完善排污许可制度。

8月13日，生态环境部发布《排污许可证申请与核发技术规范 工业固体废物和危险废物治理》，对一般工业固体废物贮存、处置场，危险废物贮存场，危险废物填埋场实行固体废物重点管理，提出全过程环境管理要求。

9月17日，生态环境部发布《农用地土壤污染责任人认定办法（试行）（征求意见稿）》，对不合格农药、化肥等农业投入品的违法生产、销售和使用端等均进行了法律责任规定，规定了农药生产端到使用端中全链条各环节的主体责任，这将有利于提高我国农药产品质量，提升公众对合格农药的辨别能力和安全科学使用水平。

9月27日，农业农村部、生态环境部组织起草了《农药包装废弃物回收处理管理办法（征求意见稿）》，为防止农药包装废弃物污染提供法律依据，将有利于加强我国农药包装废弃物处置工作，建立包装回收和处置的长效机制，改善农药使用环节中产生的二次污染，对农业健康可持续发展提供保障。

响水事故对化工行业影响巨大，也推动国家各级部门对化工（尤其涉及危化品）安全生产监管的管理愈趋规范和严格。7月5日，交通运输部会同生态环境部、工业和信息化部、应急管理部共同发布了《内河禁运危险化学品目录（2019版）》，其中涉及对硫磷、甲拌磷、敌敌畏等农药和光气、黄磷等重要的农药基础原料。8月12日，应急管理部发布《化工园区安全风险排查治理导则（试行）》和《危险化学品企业安全风险隐患排查治理导则》，将化工园区安全风险划分为4个等级，以实现分级分类监管，对安全风险等级高的化工园区将实施项目禁批或限批；对整改后仍不达标的存在重大隐患的危险化学品企业依法吊销安全生产许可证。11月28日，交通运输部发布《危险货物道路运输安全管理办法》，自2020年起对危险化学品运输实施限制。此外，江苏、山东、浙江、河北、河南、湖北等地亦陆续出台相应政策，实施对化工行业和园区安全生产的整治攻坚行动，农药行业安全生产监管将愈加规范和严格。

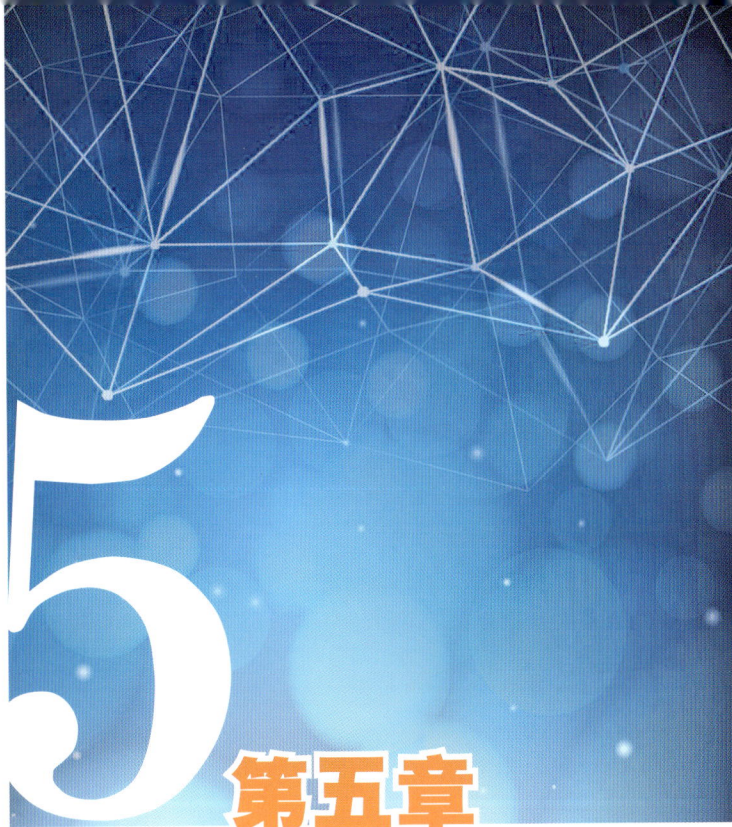

5

农药使用
及推广

2019年，围绕服务农业绿色高质量发展，各级农业农村部门持续推进农药使用量负增长，大力普及农药减施增效技术，示范推广高效品种及施药器械，进一步支持专业化统防统治发展，农药使用技术水平明显提升，农药使用持续减量增效。

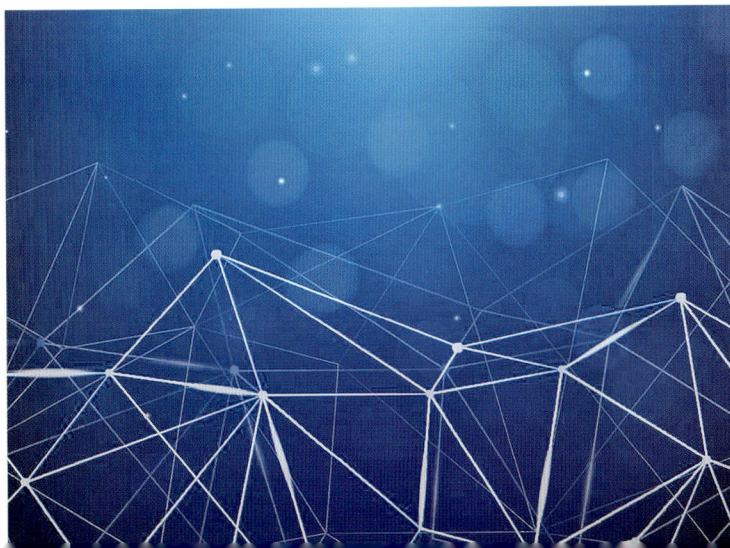

中国农药发展报告 2019 · 第五章　农药使用及推广

一、农药使用量继续负增长

2019年，全国农作物病虫害发生面积约4亿公顷次，防治面积4.8亿公顷次。其中，水稻病虫害中，纹枯病、稻瘟病、稻曲病等发生较轻，与2018年持平；稻飞虱、二化螟发病情况略有上升，以长江中下游地区较为明显；水稻田杂草发生较重，抗药性杂草种类增加、面积增大。小麦病虫害总体发生较轻。玉米上草地贪夜蛾发生面积86.67万公顷次，黏虫普遍发生较重。棉花病虫害发生与往年持平。果树上病虫害发生情况与往年相当，苹果枝枯病在新疆发生。在蔬菜上，粉虱、蓟马发生较重，病毒病发生加重。

农业农村部继续深入开展农药零增长行动，农药利用率不断提高，农药使用量继续负增长。据全国30个省份（不含西藏）和新疆生产建设兵团农业农村部门的统计，2019年我国种植业农药使用量（商品量）81.55万吨，折百量26.27万吨，与2018年相比，分别下降1.9个和2.2个百分点。其中，杀虫剂商品量32.88万吨，折百量8.26万吨；杀菌剂商品量16.79万吨，折百量6.84万吨；除草剂商品量30.15万吨，折百量10.86万吨；植物生长调节剂商品量1.36万吨，折百量0.29万吨；杀鼠剂商品量0.36万吨。2019年水稻、玉米、小麦三大粮食作物农药利用率达到39.8%，比2017年提高1个百分点。

二、农药减施增效稳步推进

（一）进一步推进农药减量控害

一是开展农药减量新产品、新技术试验示范和技术集成，安排开展160多个农药新品种、新剂型（缓释药剂等）和新助剂（喷雾助剂等）试验，建立新农药展示示范区、作物全程病虫草害综合解决方案和安全用药技术试验示范点（区）430多个，筛选出一批环境友好型绿色农药替代传统农药，促进农药使用量减少。针对突发的草地贪夜蛾虫情，组织研究提出应急防控用药名单、用药原则与措施，并印发了安全合理用药指导性意见。二是推广生物农药等绿色防控，通过投入补贴资金、开展示范项目等，大力推广应用生物农药、性诱剂、天敌昆虫及杀虫灯等绿色防控产品和防治技术。三是推广新型高效施药机械及喷洒部件，使用新型喷雾器械和采用新型扇形喷头，有效提高农药利用率。四是建立农药减量技术集成示范区，各地建设农药减量示范区、绿色防控示范区、地方特色作物生产示范区、专业化防治与绿色防控结合示范区、药肥一体化技术示范区共709个。经测定，示范区化学农药使用总量平均减少20%以上。

（二）抓好农药安全使用技术培训

一是联合有关农药械企业、协会（科技创新联盟），在全国组织实施百万农民科学用药活动，联合实施"绿色发展能力提升行动计划"，培训普及农药科学安全使用基本常识，农药减量增效技术，新型植保机械使用技术培训等，推广可持续发展、绿色防控、农药减施增效等新技术、新模式、新理念，促进农药使用者知识更新、理念升级、行动优化、能力提升。二是研究起草《农药包装废弃物回收管理办法》，在黑龙江、江苏、河南、山东、四川等5个省的10个县开展农药包装废弃物回收试点，探索农药包装废弃物回收社会化、专业化、市场化的长效机制。三是组织23个省（自治区、直辖市）的100个抗性监测点，对稻飞虱、小麦赤霉病等17种重大病虫草的抗药性进行了监测，包括36个田间常用农药品种，并开展抗药性治理示范，指导农药企业生产和科学用药。

三、专业化统防统治进一步发展

一是在小麦、水稻、玉米等重大病虫害重发区组织开展"统防统治百县"创建活动，并利用重大病虫应急防治和统防统治补贴，扶持防治服务组织集中连片开展统防统治，整县推进统防统治工作。二是组织开展统防统治星级服务组织认定，以培育骨干队伍、总结成功模式、树立典型样板，推动防治组织做大做强，引领专业化防治组织不断提升规范化管理水平、高效植保机械装备水平、病虫害承包防治服务水平，促进统防统治与绿色防控融合。2019年共认定专业化统防统治星级服务组织299个。三是加强防治服务组织建设，举办专业化防治组织管理人员培训班，培训来自小麦、玉米、水稻主产区的150多名防治组织的负责人，通过专家报告和"百强组织"经验交流，带动各地培训防治组织人员，提高防治组织管理水平、服务能力，引导植保社会化服务健康发展。四是搭建防治服务组织与药械企业对接平台，通过对接实现直供直销，实现防治服务提质增效。创建专业化统防统治信息平台，全面深入掌握全国专业化统防统治的基础数据和发展动态，有针对性地提供指导服务。

据统计，2019年全国专业化服务组织数量98 643个，比2018年增长1%，在农业农村部门备案的"五有"规范组织达到42 785个，比2018年增长3%；从业人员141.5万人，拥有大中型药械63.4万台，日作业能力达到739.87万公顷。三大粮食作物实施专业化统防统治面积达到1.04亿公顷次，专业化统防统治覆盖率达到40.1%，比2018年提高0.8个百分点。

四、植保无人机防控快速发展

组织农机农艺融合减量施药技术试验，着力解决限制喷杆喷雾机作业的种植模式，举办培训班和现场观摩活动，促进高效施药机械推广应用；开展地面自走式植保机械标准化作业示范，建立试验示范基地17个。联合科研院校，组织植保无人机企业、助剂企业、农药企业，在全国各地组织开展近百场农业航空低空低量施药技术的试验示范。连续4年的试验示范表明，我国在以植保无人机为代表的低空低量施药技术领域取得了显著的成效，植保无人机在飞行性能、自动化飞控系统、智能化控制、精准施药、防飘控制等方面都取得了重要突破，越来越受到广大农民群众和专业化组织的关注。

据统计，2019年全国植保无人机数量达到50 970架次（不含农民自购使用的），比2018年增加20 498架，作业面积2 940万公顷次，比2018年增加1 160万公顷次；有人驾驶直升机和固定翼飞机作业面积328万公顷次，实现航空植保飞机5万架、作业面积5亿亩（0.3亿公顷）的"双五"目标。

6

第六章

农药国际贸易

2019年，在国内环保和行业管理继续加强的形势下，农药进出口贸易又创历史新高，2019年农药出口首次超过百亿美元，达到102.25亿美元。农药进出口持续双增，贸易顺差继续扩大，国际市场占有份额进一步增大。2019年，农药的产量（折百）为151.64万吨（中国农药工业协会统计），农药出口量（折百）为98.06万吨，占当年农药产量的64.67%，我国农药产量的近2/3用于出口（图6-1）。

我国农药出口多、进口少，但出口农药的价格远低于进口农药。2019年农药进口量（折百）为3.06万吨，出口量是进口量的32倍；农药进口额为6.56亿美元，农药出口额是进口额的16倍左右。进口农药的年平均价格（数量折百）为21.43美元/千克，出口农药的年平均价格（数量折百）为10.43美元/千克，进口价格是出口价格的2倍左右。

由于中美贸易摩擦进一步加剧，2019年美国由多年以来的我国农药出口第一的国家，降为出口第二的国家，巴西首次超越美国成为我国农药出口第一的国家。

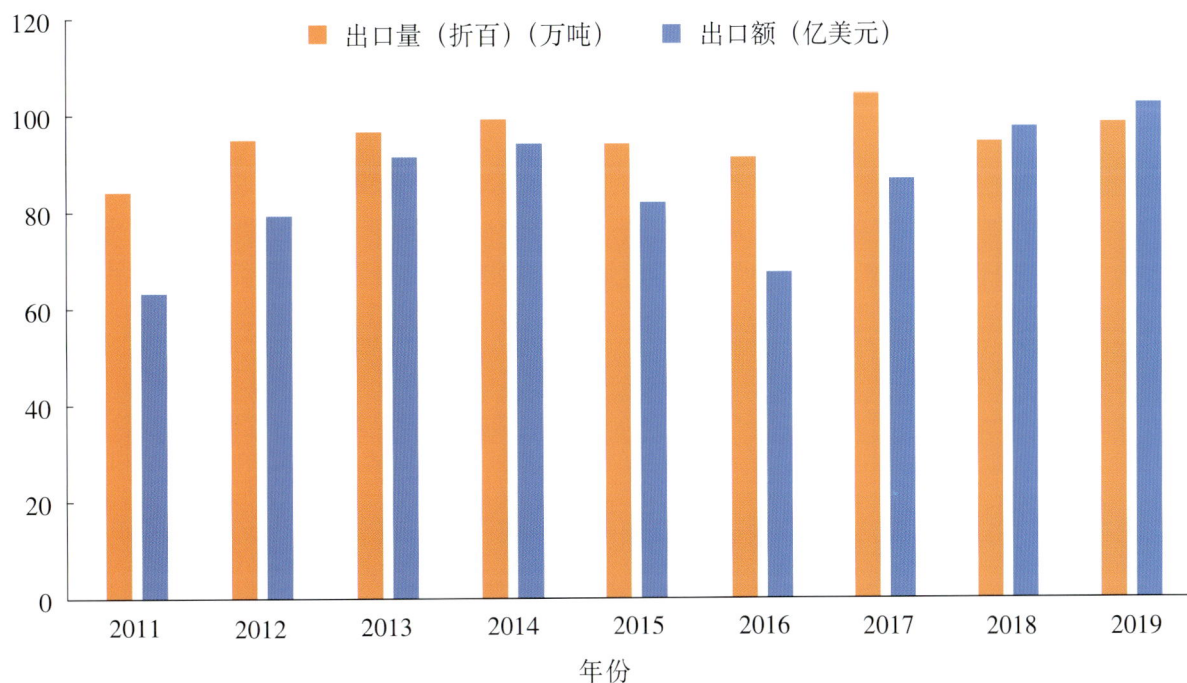

图6-1　2011—2019年我国农药出口情况

一、农药进出口情况

（一）进出口总额又上新高

2019年我国农药进出口总额达到108.80亿美元，同比增长5.5%。其中，农药进口额出现较大增长，从2018年的5.80亿美元增加到2019年的6.55亿美元，同比增长12.9%；农药出口额从2018年的97.36亿美元增加到2019年的102.25亿美元，同比增长5.0%，占农药进出口总额的93.98%，农药出口推动农药进出口贸易发展。2019年农药贸易顺差持续攀升，达到95.7亿美元，同比扩大4.50%（图6-2）。

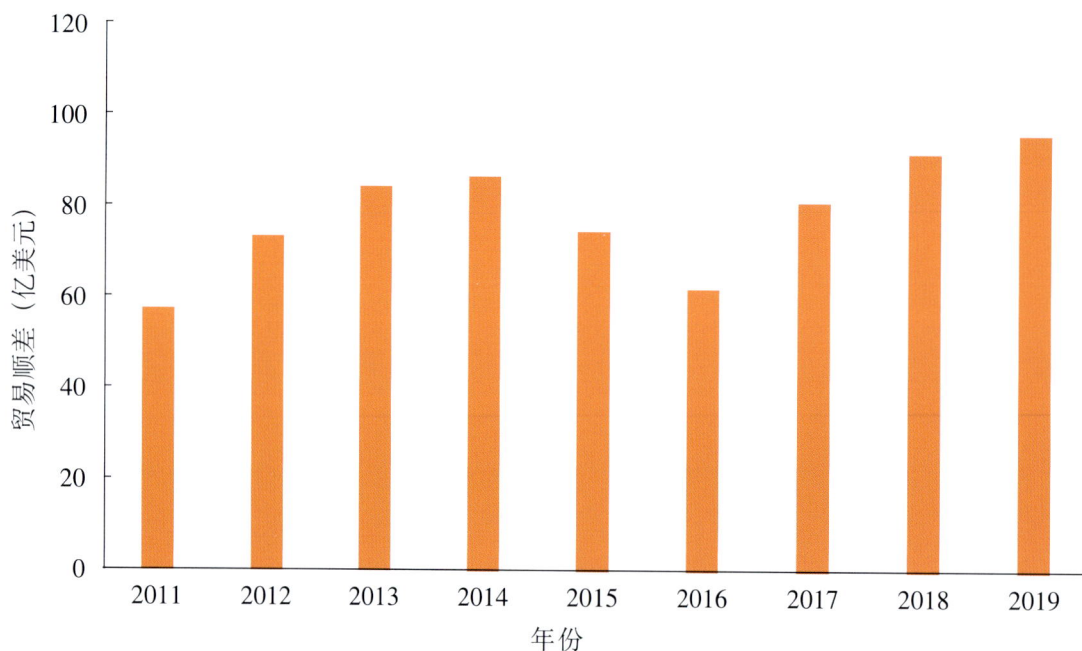

图6-2　2011—2019年我国进出口贸易顺差情况

（二）进出口总量小幅增长

2019年我国农药进出口量（货物量）为191.09万吨，同比增长6.73%；折百进出口量101.12万吨；其中，农药出口量为185.18万吨，同比增长6.37%，折百出口量98.06万吨；农药进口量5.91万吨，同比增长19.23％，折百进口量3.06万吨。

（三）农药贸易增速略高于外贸整体增速

2019年我国外贸进出口总额31.55万亿元，比2018年增长3.40％，低于农药进出口增速2.1个百分点。出口额17.23万亿元，增长5.00％；进口额14.32万亿元，增长1.60％，低于农药进口增速11.3个百分点。近9年来农药进出口贸易顺差是随着农药出口的起伏而变化，但总体上是在扩大。

二、农药出口情况

（一）出口价格情况

2019年出口平均价格（数量折百）为10.43美元/千克，2018年为10.34美元/千克，同比增长0.87％。农药出口价格在近9年的起起伏伏中总体趋于上涨态势（图6-3）。

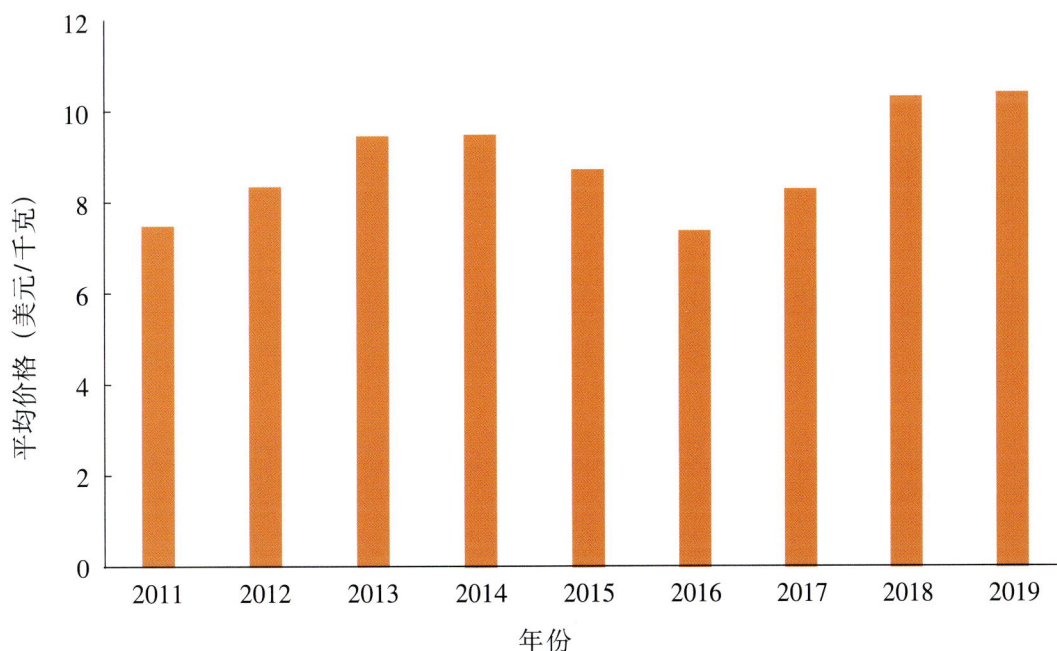

图6-3　2011—2019年我国农药出口（数量折百）平均价格情况

（二）出口产品结构情况

2019年农药出口的六成左右为原药，我国作为全球农药原料供应商的角色仍没有根本性的转变。

2019年我国农药原药出口量（折百）为58.41万吨，占总出口量（折百）的59.56%；农药制剂出口量（折百）为39.65万吨，占总出口量（折百）的40.44%。近9年来农药制剂出口量（折百）的占比总体上小幅提升，占比稳定在40%左右（图6-4）。

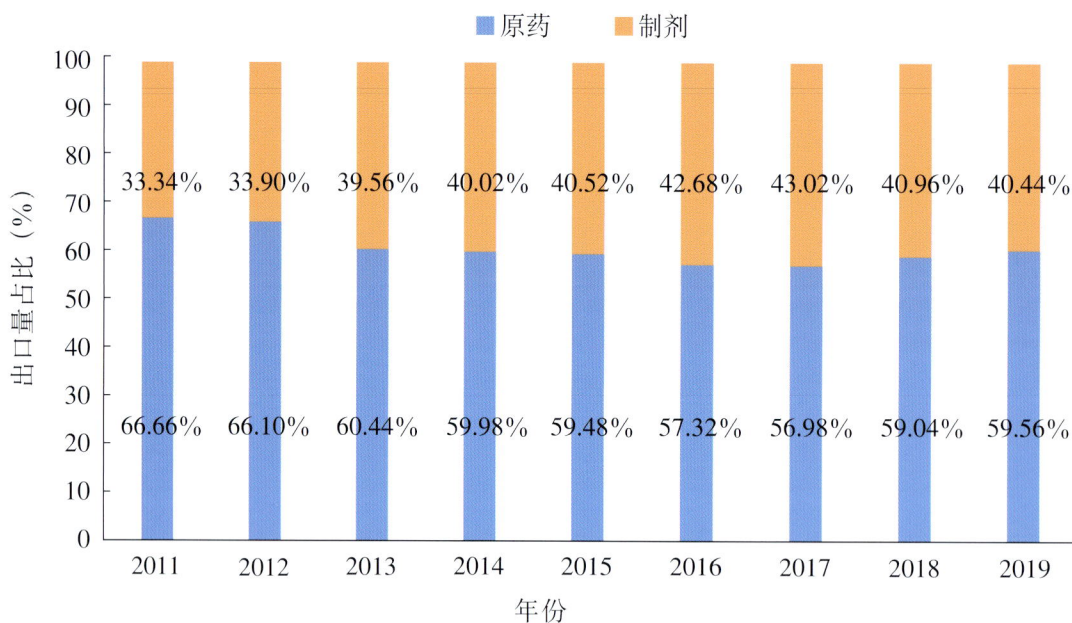

图6-4　2011—2019年我国农药原药、制剂出口量占比情况

2019年原药出口额为62.17亿美元，占总出口额的60.80%，制剂出口额为40.08亿美元，占总出口额的39.20%，2019年农药原药的出口额占比比2018年增长1.77个百分点（图6-5）。2019年我国原药出口额同比增长8.2%，农药制剂出口额同比增长0.5%。原药出口额的增长幅度高于制剂增长幅度7.7个百分点。近9年来农药原药的出口金额占比变化不大，基本稳定在60%左右。

除草剂仍然占据出口农药的半壁江山。2019年除草剂出口额占总出口额的49.74%，杀虫剂占总出口额的33.56%，杀菌剂占总出口额的14.50%，植物生长调节剂占总出口额的2.17%，杀鼠剂占总出口额的0.03%（图6-6）。

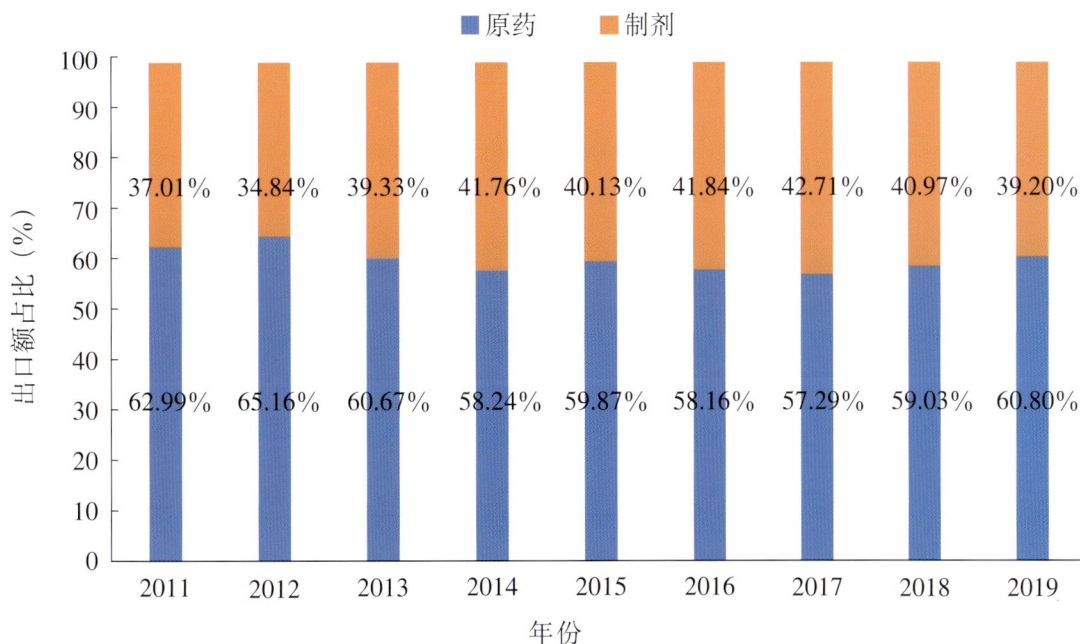

图 6-5　2011—2019年我国农药原药、制剂出口额占比情况

除草剂出口额为50.86亿美元，同比下降0.89%；杀虫剂出口额为34.32亿美元，同比增长11.17%；杀菌剂出口额为14.83亿美元，同比增长13.19%；植物生长调节剂出口额为2.22亿美元，同比增长7.61%；杀鼠剂出口额为0.03亿美元，同比增长5.76%。

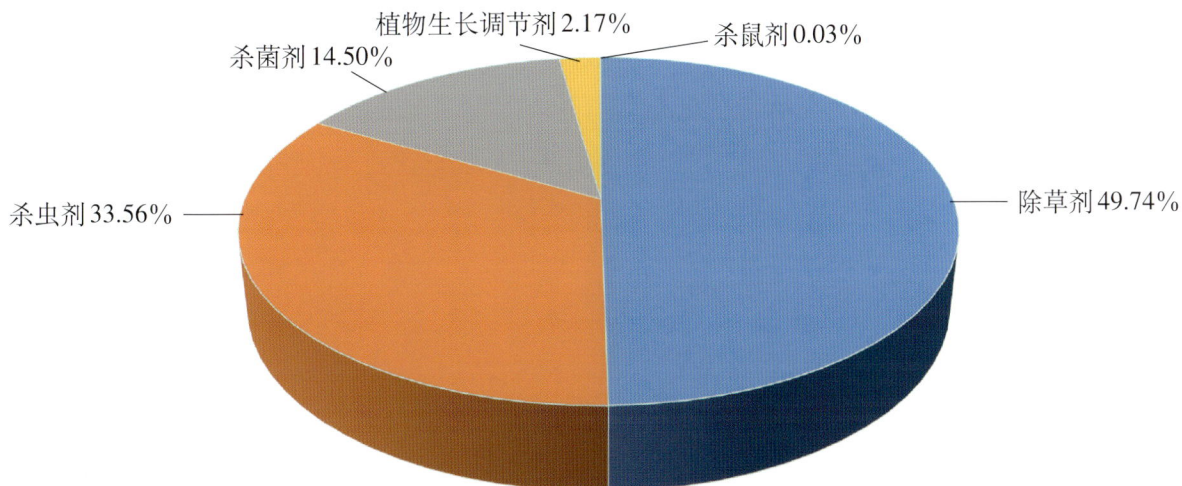

图 6-6　2019年我国各类别农药出口额占比情况

（三）出口市场情况

2019年受中美贸易摩擦加剧的影响，农药出口南美洲和欧洲的金额大幅增长，出口到北美洲和大洋洲的金额大幅下降。

目前，亚洲还是我国最大的市场，出口额为32.27亿美元，同比增长4.74%，出口额占比为31.56%；南美洲是我国第二大市场，出口额为30.38亿美元，同比增长21.67%，出口额占比为29.71%；北美洲是第三大市场，出口额为14.17亿美元，同比下降14.17%，出口额占比为13.86%；欧洲是第四大市场，出口额为12.01亿美元，同比增长16.04%，出口额占比为11.75%；非洲是第五大市场，出口额为9.95亿美元，同比下降0.01%，出口额占比为9.73%；大洋洲是第六大市场，出口额为3.48亿美元，同比下降27.20%，出口额占比为3.40%（图6-7）。

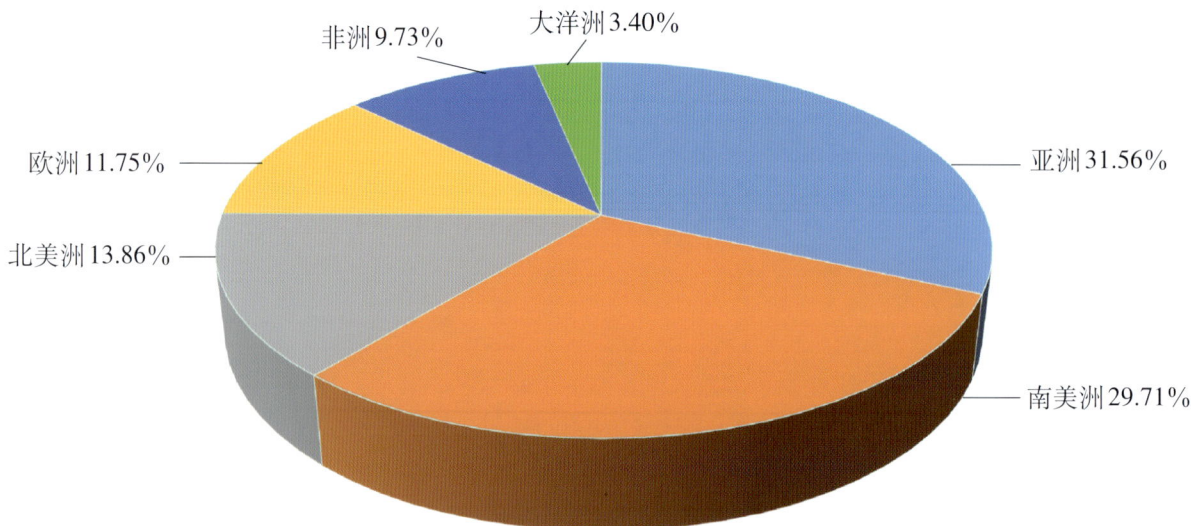

图6-7　2019年我国农药各大洲出口额占比情况

2019年，中国农药共出口到174个国家（地区）。出口过亿美元的国家（地区）共有25个，共计出口78.95亿美元，占当年农药总出口额的3/4（77.21%）。

出口前十位的国家（地区）共计进口中国农药55.29亿美元，占当年农药总出口额的一半多（54.07%）。前十位出口国家依次是巴西、美国、印度、阿根廷、越南、澳大利亚、印度尼西亚、俄罗斯、泰国、尼日利亚。其中出口巴西

（32.16%）、阿根廷（21.36%）、俄罗斯（24.29%）、尼日利亚（28.15%）的金额均大幅增长（表6-1）。

巴西首次成为中国农药出口的第一目的国，2019年出口额为15.20亿美元，同比增长32.16%，占总出口额的14.87%；美国成为第二目的国，出口额为13.74亿美元，同比下降15.51%，占总出口额的13.44%。

表6-1　2019年我国农药出口额排名前十位的国家

排序	国家	出口额（亿美元）	增长率	所占百分比	大洲
1	巴西	15.20	32.16%	14.87%	南美洲
2	美国	13.74	−15.51%	13.44%	北美洲
3	印度	5.06	8.05%	4.95%	亚洲
4	阿根廷	4.28	21.36%	4.18%	南美洲
5	越南	3.41	−3.03%	3.34%	亚洲
6	澳大利亚	3.04	−28.89%	2.97%	大洋洲
7	印度尼西亚	2.94	−7.62%	2.87%	亚洲
8	俄罗斯	2.69	24.29%	2.63%	欧洲
9	泰国	2.47	−28.38%	2.42%	亚洲
10	尼日利亚	2.46	28.15%	2.41%	非洲
	合计	55.29	/	54.07%	

（四）出口省份情况

2019年按生产企业所在地统计，农药出口涉及27个省份。其中出口额超过1亿美元的省份有14个，共出口95.33亿美元，占农药总出口额的93.23%。

其中，安徽（16.96%）、四川（25.02%）、湖南（18.47%）、辽宁（14.20%）、广东（20.94%）、江西（24.68%）、宁夏（59.94%）等7个省份出口增幅都达到

两位数。主要原因是江苏、山东、浙江3个省受环保的影响,产能主要转移到了以上7个省份。江苏、山东、浙江3个省由原来的占总出口额的75%左右下降到了60%左右,减少了15%的份额(图6-8)。

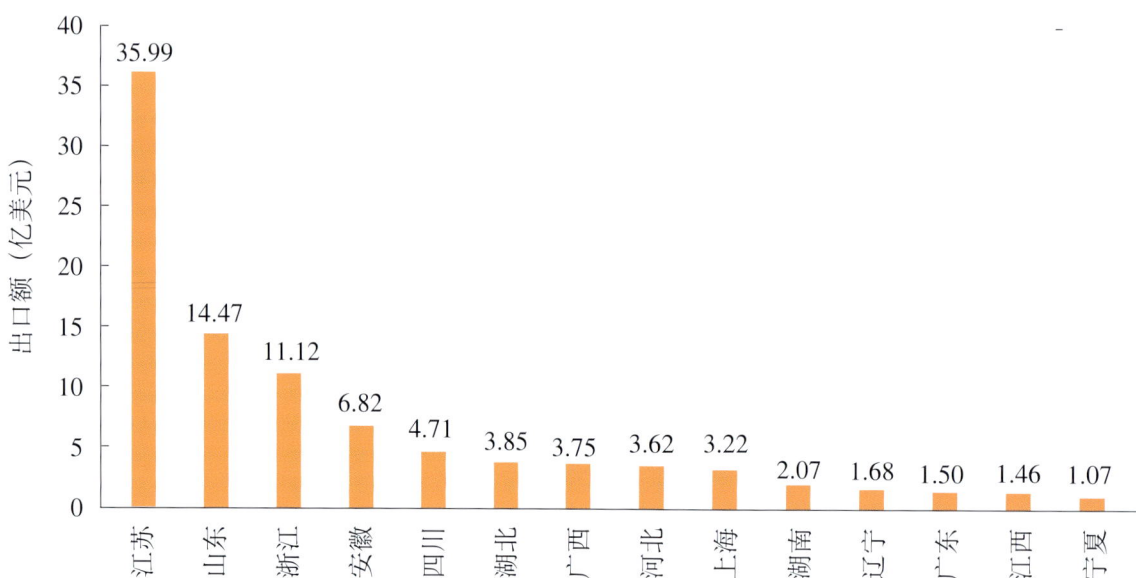

图6-8　2019年我国农药出口额过亿美元的14个省份情况

江苏、山东、浙江是我国农药出口第一梯队,2019年3个省共出口农药61.58亿美元,占农药总出口额的六成左右(60.23%)。其中江苏省一枝独秀,2019年出口额35.99亿美元,占出口总额的35.20%(表6-2)。

表6-2　2019年我国农药出口额前三名省份情况

金额排序	省份(生产企业)	出口额(亿美元)	增长率	所占百分比
1	江苏	35.99	0.21%	35.20%
2	山东	14.47	8.35%	14.15%
3	浙江	11.12	3.70%	10.88%
	合计	61.58		60.23%

一、农药进口情况

（一）进口价格情况

2018年进口的平均价格（数量折百）为22.98美元/千克，2019年为21.43美元/千克，同比下降6.74%。近9年来农药进口价格总体趋于下降（图6-9）。

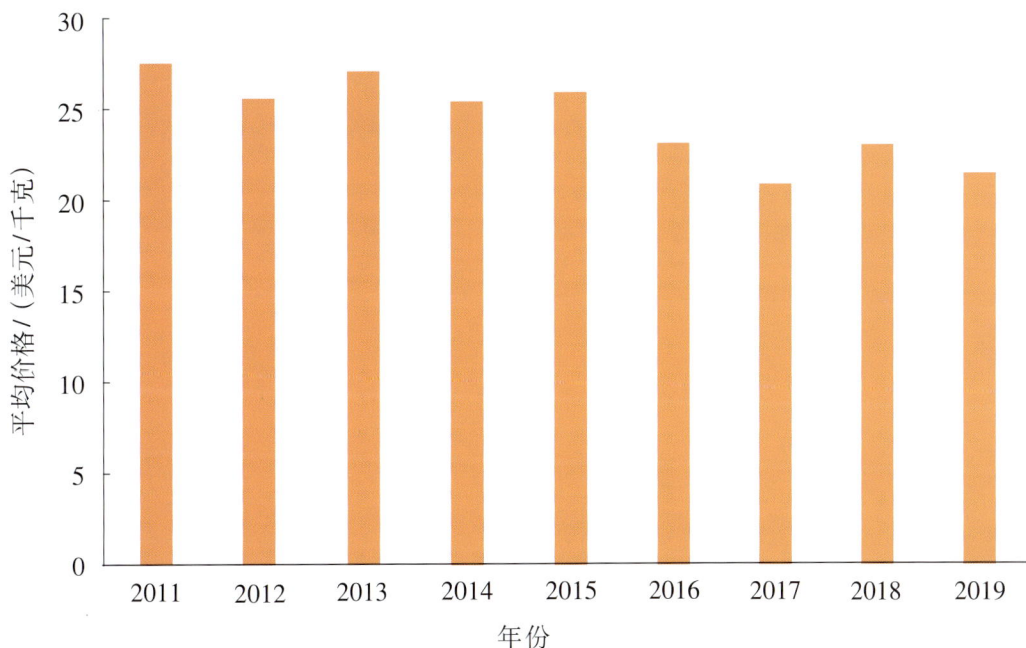

图6-9 2011—2019年我国农药进口价格情况

（二）进口产品结构情况

我国原药进口额为1.87亿美元，同比增长11.98%；制剂进口额为4.68亿美元，同比增长13.32%。与我国农药出口以原药为主相反，我国农药进口以制剂为主，农药制剂进口占七成左右。2019年原药进口额占总进口额的28.55%，制剂进口额占总进口额的71.45%（图6-10）。

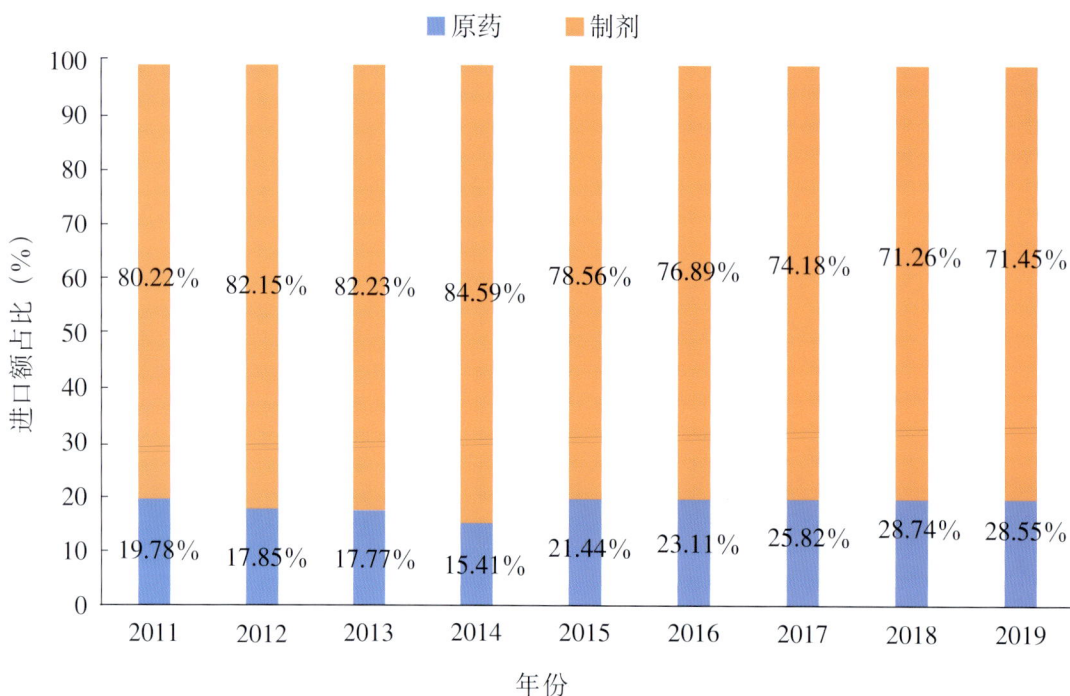

图6-10　2011—2019年我国农药原药、制剂进口额占比情况

2019年进口杀菌剂、杀虫剂、除草剂均双增，特别是植物生长调节剂大幅双增。杀菌剂进口额3.09亿美元，同比增长12.37%，进口额占比47.18%；杀虫剂进口额为2.32亿美元，同比增长11.29%，进口额占比35.42%；除草剂进口额为1.00亿美元，同比增长14.76%，进口额占比15.27%。

（三）进口来源地情况

2019年最大的进口区域是亚洲，进口额为2.83亿美元，同比增长3.62%，进口额占比43.21%；其次是欧洲，进口额为2.34亿美元，同比增长12.36%，进口额占比35.73%；北美洲进口额为1.02亿美元，同比增长28.40%，进口额占比15.57%（图6-11）。

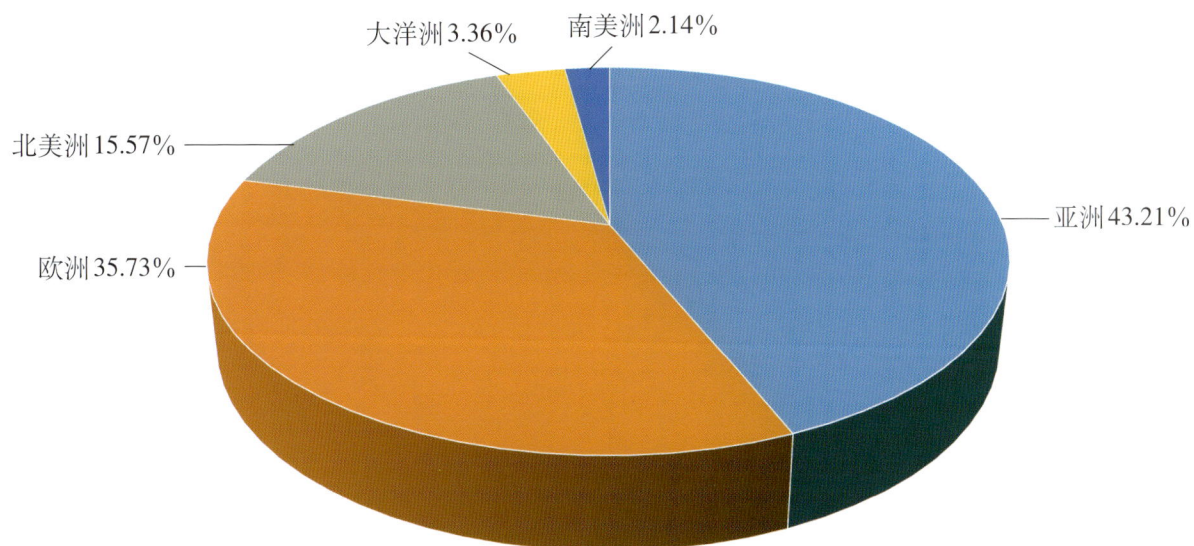

图6-11　2019年我国农药各大洲进口额占比情况

F

附　录

一、农药行业大事记

（一）农药行业70年

新中国成立70年来，也是农药工业迅猛发展的70年。中国农药行业砥砺前行，我国快速成为世界农用化学品制造大国，并一跃成为全球农药生产大国、出口大国，为我国粮食安全、中国农业乃至世界农业做出了巨大的贡献。2019年中央1号文件是中国第16个聚焦"三农"的1号文件。农药行业将坚持服务质量兴农、绿色兴农、科技兴农和品牌强农，着力推进农药治理体系和治理能力现代化，大力推动农药绿色发展和高质量发展，为实现"两个一百年"奋斗目标提供有力支撑。

（二）纪录片《农药》播出，为农药正名

2019年7月9日起，由央视制作的8集大型科普纪录片《农药》播出，讲述农药故事，守望大地丰收。这是中国首部农药题材的纪录片，也是全球首部农药大型纪录片。摄制组行程近80万公里，采访了国内外近百位知名农药专家，以客观呈现为叙事准则，以真实鲜活的事例为取材对象，通过深远的历史眼光、宽广的全球视野，真实客观地反映了农药的真实面貌，向全社会科普了农药知识，全面展现了世界农药和中国农药的发展历程。

（三）草地贪夜蛾入侵

2019年1月，云南首次发现草地贪夜蛾入侵，5月开始快速传播蔓延。6月初，全国18个省（自治区、直辖市）发现草地贪夜蛾。9月，农业农村部发布的数据显示，草地贪夜蛾发生面积已达100多万公顷，实际危害面积16.4万公顷。

草地贪夜蛾是联合国粮食及农业组织全球预警的跨国界迁飞性农业重大害虫，主要危害玉米、甘蔗、高粱等作物，已在近100个国家发生。草地贪夜蛾的入侵，引起了我国政府及农业、植保等部门的高度重视。农业农村部先后两次召开全国草地贪夜蛾防控布置工作等会议，推荐用于草地贪夜蛾防控的药剂，并

印发草地贪夜蛾防治技术挂图和防治指导手册到县、乡、村，全力防控攻坚、虫口夺粮。

（四）"3·21"江苏响水化工厂爆炸

2019年3月21日，江苏盐城响水陈家港天嘉宜化工厂发生特大爆炸事故，造成78人死亡，640人受伤。4月4日，江苏盐城市决定彻底关闭响水化工园区。随后，这一环保风暴向其他省份蔓延，加快促进了广东、河南、湖北、浙江、甘肃、黑龙江等多个省份化工园区关停、搬迁或改造。该事件随后引发江苏省乃至全国最严厉的整治风暴，安全生产和环保的号角再次吹响。

（五）我国农药残留限量标准增至7 107项

农业农村部与国家卫生健康委、国家市场监管总局联合发布《食品安全国家标准食品中农药最大残留限量》，此次发布的新版农药残留限量标准规定了483种农药在356种（类）食品中7 107项残留限量，与2016版相比，新增农药品种50个、残留限量2 967项，涵盖的农药品种和限量数量均首次超过国际食品法典委员会标准。

（六）农药行业兼并重组加速

2019年，国内外农药行业兼并整合依旧如火如荼，国内农药行业兼并重组进入深水区，企业实力也发生了变化，来自政策、环境、供求关系等多方面的因素叠加，促使我国农药工业进入了转型升级的新阶段，提高行业集中度，优化产业和行业结构，增强企业自身的竞争能力。利民+威远，颖泰+常隆，诺普信+经销商，扬农+中化和农研等典型案例，以大型企业为主导的生产经营格局愈加明显。随着环保、安全等压力逐渐增加，由此带来的一系列连锁反应以及鼓励农药企业兼并重组政策的实施，已经并将持续加速农药行业上下游产业链整合。

一、国际农药管理动态

（一）国际食品法典农药残留委员会（CCPR）第51届年会召开

2019年4月8—13日，国际食品法典农药残留委员会（CCPR）第51届年会在澳门召开，国内外322名专家和官员，来自FAO、世界卫生组织（WHO）、国际纯粹与应用化学联合会（IUPAC）等15个国际组织，以及欧盟、美国、澳大利亚等46个成员国和组织的227名正式代表参加了会议，另有95人作为列席代表和工作人员也参加了会议。中国代表团19人，来自农业农村部、商务部、国家卫生健康委员会、海关总署、国家粮食和物资储备局、中国农业大学以及香港食环署和澳门市政署，全程参加了会议。此外，中国农药工业协会和农药企业代表也参加了会议。这是中国政府担任CCPR主席国以来举办的第13次大会。会议深入讨论了国际食品法典农药残留限量标准草案、食品和饲料分类修订草案、农药优先评估列表、国际短期膳食评估公式修订、国家农药登记数据库等17项议题，是历届年会中讨论议题最多的一次会议。除正式议题外，会议还组织了JMPR参与新化合物全球联合评估面临机遇和挑战及澳大利亚APEC进口限量指南应用两个边会。会议审议了由FAO和WHO农药残留联合专家委员会评审推荐的37种农药的539项残留限量标准草案，经过协商一致，通过了其中的326项，废除了150项老标准，终止制定12项，51项标准需补充数据待下次会议审定。会议审议通过的326项限量标准，待7月经国际食品法典委员会大会通过后，将正式成为国际食品法典农药残留标准，农药残留标准总量将增加到5 670项。

（二）第18届FAO、WHO农药标准联席会议（JMPS）暨第63届国际农药分析协作委员会（CIPAC）年会召开

2019年6月11—21日，第18届FAO、WHO农药标准联席会议（JMPS）暨第63届国际农药分析协作委员会（CIPAC）年会于德国不伦瑞克召开。会上来自

FAO、WHO、德国、法国、英国、比利时、爱尔兰、瑞士、希腊、印度以及中国等国家（地区）和国际组织的15名JMPS专家对41个农药产品标准进行了审定，其中包括中国企业申请的21个产品标准，占会议评审产品总数的51%，新申请的21个FAO、WHO及FAO和WHO联合标准中9个产品来自中国农药企业，彰显中国农药企业申请FAO、WHO国际标准继续保持强劲势头。

会议对2018年JMPS未通过再评审（Pending）的20个FAO、WHO标准进行了再评议，对2019年新提交的20家公司的32个产品进行了评审，其中包括13家中国公司的17个产品；对2020年拟进行评审的产品计划进行了安排，其中包括12家中国公司的16个产品。除上述产品评审外，会议还重点讨论了修订出版《FAO、WHO农药标准制定与使用手册》第二版，首家标准转移及其等同性确定，FAO、WHO标准评审程序和要求时间表，双重首家标准的管理，首家标准更新后如何确保等同认定产品满足新标准要求等议题。

（三）第16届CIPAC、FAO、WHO联席会议暨第63届CIPAC年会召开

2019年6月17—20日，第16届CIPAC、FAO、WHO联席会议暨第63届CIPAC年会在德国不伦瑞克召开。来自40多个国家的CIPAC委员、通讯员、专家及行业代表130多人参加会议。本届联席会议通过了13项议程，其中包括上届会议报告，CIPAC、FAO、WHO以及全球非专利农用化学品制造商协会（AgroCare）、国际植物生命保护协会（Crop Life International）、欧洲食品安全局（EFSA）等国际组织、管理机构、行业协会自上届会议以来开展的工作情况，CIPAC方法发布、评审和现状情况，本届JMPS会议和FAO、WHO农药标准评审情况，以及2020年JMPS拟评审的FAO、WHO农药产品标准。CIPAC成员还通报了其2018—2019年农药质量管理以及参加CIPAC协同验证试验情况等诸多事项。中国作为CIPAC成员特别报告了我国农药质量现状，宣传了中国农药质量监督管理。

（四）第33次经济合作与发展组织良好规范实验室工作组会议及非强制性会话沟通会召开

2019年3月4—8日，第33次经济合作与发展组织（OECD）良好规范实验室工作组会议及非强制性会话沟通会于法国巴黎召开。本次会议由36个OECD成员国（立陶宛于2018年7月加入OECD）和6个实现良好实验室规范（GLP）全互认的经合组织非成员国组成。同时，会议邀请了哥伦比亚、泰国、哥斯达黎加、俄罗斯、吉尔吉斯斯坦、中国等国家和地区作为观察员。3月5日下午，会议组织了非强制性会话沟通会，公开讨论：① 对现场检查合规性评估的OECD检查人员的培训、检查能力和经验的确认。② GLP体系的技术性问题。3月6—7日的工作组会议涉及25个议题，主要是对日本、德国、捷克等部分成员国开展的合规性检查结果、GLP数据一致性等指导文件的编写、GLP体系执行常见问题及人员培训等进行大会讨论和审议。

（五）国际化学品管理战略方针第三次不限成员名额工作组会议召开

国际化学品管理战略方针(strategic approach to international chemicals management，SAICM)第三次不限成员名额工作组会议(open-ended working group-3，OWEG-3)于2019年4月2—4日在乌拉圭蒙得维的亚召开，4月1日先期召开了技术会议及区域组会。来自全球不同国家政府、国际组织、产业机构和非政府组织的350余名代表参加了会议。会议讨论了SAICM的执行情况，包括2020年后化学品与废物健全管理、新出现的政策性问题及其他关切问题、卫生部门战略的执行、实现2020年化学品健全管理总体目标取得的进展等议题，并对联合主席提交的"2020年后化学品与废物健全管理"提案进行重点磋商。中国派出了由生态环境部带队，外交部、农业农村部、工业和信息化部、国家卫生健康委员会、清华大学等单位的12人组成的代表团，全面参加了全会、亚太区域会、接触组会议、主席之友、边会等，在讨论磋商过程中发挥了积极作用。

（六）巴塞尔、鹿特丹、斯德哥尔摩三公约缔约方大会召开

2019年4月28日至5月10日，巴塞尔公约第14次缔约方大会、鹿特丹公约第9次缔约方大会、斯德哥尔摩公约第9次缔约方大会（以下简称"三公约大会"或"COPs大会"）在瑞士日内瓦召开。来自全球175个缔约方、非缔约方、国际组织、非政府组织的1 700多名代表参加了会议。我国派出由生态环境部牵头，外交部、农业农村部、科技部、工业和信息化部、应急管理部、香港特别行政区、清华大学、北京大学、中国科学院等组成的中国政府代表团参加了会议。作为三公约事务的积极参与方、鹿特丹公约（农药）国家指定主管部门，农业农村部派出种植业司（农药管理司）、农药检定所代表团成员参加了大会。本次大会是三公约第4次共同召开的缔约方大会，主题是"清洁地球，健康人类——化学品和废物的无害化管理"。

（七）FAO、WHO农药残留联席会议（JMPR）2019年特别会议召开

2019年5月7—17日，FAO和WHO农药残留联席会议（JMPR）2019年特别会议在加拿大首都渥太华（加蒂诺）召开。参会人员包括来自中国、美国、德国、英国、新西兰、巴西、日本7个国家的9名有丰富经验的专家和来自中国、日本、巴西、英国、马来西亚、希腊6个国家的6名新专家，以及JMPR的FAO与WHO秘书处的官员和报告员。会议分两个阶段进行，5月7—15日举行了FAO农药残留专家组预备会议，分组讨论了评估农药的技术报告和评审意见等，5月16日FAO专家组和WHO专家组通过全会或分组会议的形式，讨论了品种的评审报告以及一般事项等议题。

（八）"加强中亚区域经济合作（CAREC）成员国农产品价值链中的食品安全标准"研讨会召开

2019年5月23—24日，亚洲开发银行（简称亚行）在乌兹别克斯坦塔什干举办为期两天的"加强中亚区域经济合作（CAREC）成员国农产品价值链的食品安

全标准"研讨会。根据《中亚区域经济合作2030年战略》，为加强中亚国家的食品质量安全体系建设，亚行于2017年启动了"加强CAREC成员国农产品价值链中的食品安全标准"技术援助项目。目前，亚行正牵头组建CAREC食品质量安全专家协作网，主要负责为国家和区域食品质量安全标准开发、风险分析和国际食品法典等相关工作提供技术支撑与政策建议。研讨会主要目的是加强中亚国家的食品质量安全体系建设，会上提出的相关建议将提交给2019年9月举行的中亚区域经济共同体高级官员会议及2019年11月举行的中亚区域经济共同体部长会议。研讨会主要目的是建立中亚区域经济合作区域食品安全网。由于CAREC各成员国希望升级其食品安全体系，以改善公共健康和食品出口前景，并需要与世贸组织（WTO）标准保持一致，因此，提出了一个区域性的CAREC食品安全网络。

（九）FAO亚太区域植保委员会（APPPC）第31届大会召开

FAO亚太区域植保委员会（APPPC）第31届大会于11月25—29日在泰国清迈召开。来自FAO的4名代表及澳大利亚、孟加拉国、中国等19个成员国，1个观察员国，两家相关农业公司的代表，共85位代表参加了会议。我国会同新西兰、澳大利亚、韩国、泰国及FAO的APPPC秘书处，共同承担了大会记录及报告的撰写，本次会议共有13个议题。

（十）国际食品法典委员会（CAC）第42届大会召开

第42届国际食品法典委员会（CAC）会议于2019年7月8—12日在瑞士日内瓦召开。来自巴西的CAC主席Guilherme Antonio da Costa在3位副主席的协助下主持了会议，来自109个成员国和1个成员组织（欧盟）的代表以及58个政府组织和非政府组织的观察员出席了会议。中国派出了农业农村部、国家卫生健康委员会、海关总署、国家市场监督管理总局、香港特别行政区食物环境卫生署、澳门特别行政区民政总署等单位的共26名代表参加了本次会议。

大会通过了食品卫生法典委员会、香料和厨用香草法典委员会、油脂法典委员会、食品添加剂法典委员会、谷类和豆类法典委员会、农药残留法典委员会、食品污染物法典委员会以及分析和采样方法法典委员会提交的26项标准草案，审议通过了食品进出口检验和证书系统法典委员会、食品卫生法典委员会、营养和特殊膳食法典委员会、香料和厨用香草法典委员会、食品标签法典委员会、分析和采样方法法典委员会提交的10项标准拟议草案，通过了食品进出口检验和证书系统法典委员会、食品卫生法典委员会、农药残留法典委员会、食品污染物法典委员会以及食品标签法典委员会提交的10项新立项标准目录等。

（十一）世贸组织卫生与植物卫生委员会第75次会议召开

世贸组织卫生与植物卫生（WTO/SPS）委员会第75次会议于2019年7月15—19日在瑞士日内瓦召开。来自全球的WTO成员、食品法典委员会（Codex Alimentarius Commission，CAC）、世界动物卫生组织（Office International Des Epizooties，OIE）、国际植物保护公约（International Plant Protection Convention,IPPC）、观察员近200名代表参加了会议。来自商务部、农业农村部、国家卫生健康委员会、海关总署和国家市场监督管理总局的11人，作为中国代表团参加了此次会议。15—16日，SPS秘书处召开了透明度和协调的专题研讨会，17—19日，召开了委员会正式及非正式会议。正式会议上，成员就特别贸易关注、透明度，适用国际标准和对发展中国家技术援助等议题进行了讨论。非正式会议就SPS协定第五次审议进行了讨论。

图书在版编目（CIP）数据

中国农药发展报告. 2019 / 农业农村部农药管理司，农业农村部农药检定所编. —北京：中国农业出版社，2021.10
ISBN 978-7-109-29173-7

Ⅰ.①中… Ⅱ.①农… ②农… Ⅲ.①农药工业－产业发展－研究报告－中国－2019 Ⅳ.①F426.76

中国版本图书馆CIP数据核字（2022）第033523号

中国农业出版社出版
地址：北京市朝阳区麦子店街18号楼
邮编：100125
责任编辑：汪子涵
版式设计：王 晨 责任校对：吴丽婷
印刷：北京通州皇家印刷厂
版次：2021年10月第1版
印次：2021年10月北京第1次印刷
发行：新华书店北京发行所
开本：889mm×1194mm 1/16
印张：5.25
字数：120千字
定价：100.00元